天安門広場
一九八九年五月

OSHIHARA Yuzuru
押原 譲

論創社

天安門広場一九八九年五月

南の島の赤い十字架——東チモール、神父たちの戦い

目次

第I部　天安門広場一九八九年五月

プロローグ　2
ダイアリー　4
1　一九八九年五月二二日　4
2　一九八九年五月二四日　8
3　一九八九年五月二五日　15
4　一九八九年五月二六日　54
5　一九八九年五月二七日　57
6　一九八九年五月二八日　64
7　一九八九年五月二九日　85
8　一九八九年五月三一日　88
エピローグ　89

第Ⅱ部　南の島の赤い十字架――東チモール、神父たち戦い

プロローグ　101
1　ボカジオ青年　101
2　カーネーション革命　103
3　潜入準備　106

ダイアリー〔一九九四年一〇月四日～一二月二九日〕　112
1　関門空港　112
2　サンタ・クルス墓地　115
3　レテフォホ村　124
4　「シンボロン」と「ゼカ」　132
5　ジョクジャの夢　137
6　再出発　142
7　レストラン・マッサウ　146
8　ドミンゴス・ソアレス神父　149
9　イラリオ・マデイラ神父　153

10 日本人混血児の証言（1） 160
11 日本人混血児の証言（2） 164
12 日本人混血児の証言（3） 177
13 ヌヌラ司令官からの手紙 181
14 スアイの奇怪な日々 195
15 ロス・パロスへ 207
16 神父たちの論争 217
17 ベロ司教のクリスマスメッセージ 237
18 ヴィケケの奇跡 242
エピローグ 259
おわりに 270

天安門広場一九八九年五月

第Ⅰ部　天安門広場一九八九年五月

プロローグ

一九八九年四月一五日、胡耀邦前総書記の死をきっかけに、学生達は彼の追悼と名誉回復を訴えて天安門広場に座り込んだ。胡耀邦総書記は生前改革派として言論の自由を訴え、国民の大きな支持を集めていた。これは一九八五年に就任したソ連のゴルバチョフ書記長が推進する「ペレストロイカ」に呼応するものだった。しかし政治局内では胡耀邦は保守派から批判を受け失脚、その後をやはり改革に寛容的だった趙紫陽が総書記を引き継いでいた。しかしこうした政治局内部の動きはまったく外の世界に知らされていなかったため、世界は単に学生達が、人気のあった胡耀邦の追悼だけのために集まってきていると思っていた。しかし時間が経つうちに学生達の当初の目的から段々と反政府的な色彩を帯び、彼らのめざすものが「民主化闘争」であることがはっきりしてきた。このまま進めば反政府運動、共産党批判に変化していくだろうことも見えてきた。

座りこみ初期にはすぐに当局が排除にかかると思われていたが、学生達の圧倒的な動員力の前に、当局は何も出来ずに一カ月以上が経ってしまっていた。天安門広場に林立する赤旗、地方から続々上京してくる学生、労働者達の姿を毎日テレビニュースが映し出していた。当局が力で圧殺するのか、それとも平和的な話し合いで決着するのか、世界中が固唾を飲んで見守っていた。

六月四日未明、天安門広場を占拠していた数千、否、数万の学生に人民解放軍は襲いかかった。平和的なデモとハンストで政府に民主化を訴えてきた学生・若者達に、この日政府はとうとう武力に訴えて排除に乗り出した。厳密に言うならば排除ではなく、軍の精鋭部隊、戦車を繰り出しての殺戮を目的とした軍事行動だった。この時殺された学生は二〇〇名から二〇〇〇名まで諸説あるが実数は定かではない。死体は家族にも知らされず闇から闇へと葬られたという。この事件について政府は「天安門広場では虐殺はなかった」とし、以後何も語らず、世間も沈黙を守っている。すべては存在しなかったことなのだ。しかし事件は現実に起きた。あの事件のことを少しでも知っている者は誰しも、人民解放軍が人民に銃を向けたことに驚愕し、なぜ政府は催涙ガスを使わなかったのか、なぜ自国民をそれも国の将来を担う若者達を多数殺さねばならなかったのか、そして生き残った学生達は今どこで何をしているのだろうか、と思うだろう。

事件後、時の最高実力者鄧小平は「今後二〇年間は自由化、民主化をしてはならない」と語っている。以後、その言葉は各政権に引き継がれ、いまだ真相は闇の中のままだ。

ダイアリー

1　一九八九年五月二二日

ニュース週刊誌S誌の依頼を受けるとすぐに香港へ向かった。日本で中国のビザを取るのには時間がかかる。観光ビザで二、三週間、取材ビザは大新聞社やテレビ局の話であって、フリーカメラマンにはまず取材ビザは出ない。しかし香港では観光ビザは申請の翌日に受け取ることが出来る。だから中国への緊急の取材は香港へまず飛ぶことから始まる。昼過ぎ香港に着くと直ぐにネイザンロードの小さな旅行会社に飛び込み、中国のビザを申請、そして翌々日の香港─北京の飛行機を予約した。帰りは北京から東京行きの片道切符を買えばいい。旅行社からホテルへの帰路、英語と中国語の新聞を買い、ホテルでゆっくり目を通してみる。天安門広場関係記事は当然トップ記事で、紙面すべてが関連記事といってよい。まだ当局に大きな動きは見られない。新聞の論調はすべて学生達の「民主化闘争」支持だ。

次の日、暇つぶしのためスターフェリーに乗って香港島に渡った。フェリー埠頭の入口にはたくさんの人だかりがしてなにやら騒がしい。

支援熱血学生　控訴冷血政府

無期限静坐　四・五行動

と書かれた横断幕が垂れ下がり、その下で若者達が忙しく動き回っている。通行人にビラを配り、署名も集めている。壁には中国政府を糾弾するようなポスター、壁新聞も貼られ行き交う人々が熱心に見入っている。そのうち一人の若者が今書き上げた「お知らせ」を貼り出した。

最新消息　中央電台報道

部分入京軍隊　開始搬出返回原駐地

請留意発展

北京にいた一部の軍隊が駐屯地に引き上げたということだろう。と言うことは、このまま行けば学生達の粘り勝ち、という可能性もまだあるのかもしれない。しかし香港の人達がここまで真剣に天安門の学生達を支援しているとは思わなかった。どうあがいても八年後には香港の主権は北京政府に移るのだ。香港の方から北京政府に注文を付けるなんて土台無理な話だし、北京政府が嫌なら香港を出て行くしかないだろう。冷たい言い方だがそれが現実だろう。そうは言っても中国本土の民主化運動は香港住民にとって今後の自分達の生活を左右する最重要問題であるわけで、政府が少しでも学生達に譲歩するよう、勢い学生支援に熱が入ろうというものだ。

控訴冷血政府
四·五行动
SUPPORT THE BEIJING STUDENTS NOW ON HUNGER STRIKE DEMANDING:
1 THE CHINESE GOVT ACKNOWLEDGE THE LEGITIMACY OF THE INDEPENDENT STUDENTS' UNIONS;
2 THE CHINESE GOVT ENGAGE IN A COMPLETELY OPEN DIALOGUE WITH THE STUDENTS' SELF-ELECTED DIALOGUE DELEGATION ON AN EQUAL FOOTING
JOIN OUR

香港スターフェリー埠頭に設けられた天安門に関する速報所

2　一九八九年五月二四日

北京に到着するとタクシーで北京飯店へ向かった。チェックインを済ませ、すぐに広場の様子をのぞきに出かける。北京は初めての土地である。飛行機の中で事前に手に入れた地図で簡単な北京の地理は頭に叩き込んだものの、ホテルを出ると広場が右にあるのか左なのかもわからない。ともかく人の流れについて行くと、テレビで見慣れた無数の屹立する赤旗が見えてきた。人の数も多くなる。そしてオベリスクに屋根を付けたような人民英雄紀念碑が見えてきた時には、広場を埋める何万という人達、テント、赤旗が目に飛び込み、しばしその場に佇んでしまった。これがあの天安門広場か。この一瞬の感動が僕達報道カメラマンの至福の時であり、特権である。事件の現場に行く、という行為は時に危険ではあるが、一度味わうと病みつきになる。麻薬のようなものだ。

天安門広場は、その名の通り故宮の正門である天安門の前、四〇万平方メートルにも及ぶ長方形の広大な広場である。真ん中に英雄紀念碑がそびえ、天安門から見れば右側は人民大会堂（国会）、左側が中国革命歴史博物館、正面に毛主席紀念堂、といった大建造物を配した世界一の大広場である。付近には政府首脳部が住む中南海や政府機関が軒を連ね、言ってみれば北京の中心のそのまた中心地である。

はやる心を抑えながら広場に入って行く。広場は全面石畳になっているためだろう、すごい暑さだ。三〇度以上はあろうか、照りつける太陽の日を遮るものもない。この灼熱地獄の中に学生達は自分たちの学校、大学ごとに赤旗を翻したテントを構え、その中で、あるグループは議論に熱中し、またある者は読書に勤しんでいる。勿論昼寝のグループが一番多いが。テントとは言っても登山用のまともなテントから、段ボールを組み合わせシートで覆ったもの、ビーチパラソルまで様々で、遠目には一大スラム街の出現だ。その上すでに一カ月以上に亘る闘争で学生達の顔は垢で汚れ、長い間風呂に入っていないのであろう体からは汗ですえた臭いが発散している。そしてこの臭いが広場全体を覆っていた。

なにはともあれ通訳を見つけねばならない。こういう時の常套手段は大学の中の外国語学部に行くことだ。日本語学科はなくとも英語学科はどこの大学にでもある。中央の英雄紀念碑に登って辺りを見回せば各大学の赤旗がよく見える。北京大学、清華大学、北京理工大学といった北京の有名大学から、湖南大学、四川工業学院、天津体育学院といった地方大学、そして人民日報、故宮博物院という職場の旗、北京高等学校聯合会、全世界華人聯合会というよくわからない団体までその数無数。それらのうちで記念碑の真下に構えていた北京師範大学に目星をつけ、彼等のテントに忍び寄った。

「あのー、日本の記者なんだけど誰か英語のわかる人はいますか?」と英語で尋ねてみる。なにやら相談していた四、五人の学生達は、やっと候補者が決まったのか奥にいた女学生を指名した。呼ばれておずおずとテントの外に出てきた女学生は、小柄でなかなかの美人だ。話してみると英語も結構いける。簡単に交渉成立して僕はこの女学生Jさんを伴って広場めぐりに出発した。歩きながら話してみると彼女は師範大学の学生ではなく、北京第二外国語学院英語科の生徒で、北京高等学校学生聯合会の役員として師範大学に間借りしているのだという。つまり今や高等学校の生徒達までこの運動に参加している

大团结

デモの学生、市民で埋め尽くされた天安門前

郑州大学
水利

広場には大学、高校、職場の赤旗が林立している

というわけだ。現在広場に集まっている学生は約八万人、北京は勿論地方の大学、高校、職場からも代表がやってきているという。そしてこの運動の総指揮（リーダー）は柴玲（チャイ・リン）という北京師範大学大学院生の女学生であること、その他に王丹（ウン・タン）という北京大生、吾尔无希（ウーアルケーシ）というウルムチ出身の北京師範大生らがリーダーとして活躍していること、しかし余りにも多くの組織が集まっているため全体としては意見の違いもあり、うまく機能していないことも話してくれた。

すぐに総指揮部から発表があるというので英雄紀念碑の前に行く。一人の学生が小型のメガホンを片手に集まった学生、外国人記者を前に話し出す。どうも昨日今日の当局とのやり取りを説明しているようだ。李鵬首相との交渉が物別れに終わったこと、一三日から二〇日まで続いたハンストは再開しないこと、二〇日に発令された戒厳令の意図、などJ嬢が逐一通訳して知らせてくれる。しかしこちらは今日北京に着いたばかりなのでなかなか要領を得ない。何しろ話が政治の話なので彼女の英語力ではすぐには理解できない。結局筆談になってしまった。この光景をさっきから横で見ていた一人の学生がしびれを切らせたのか話しかけてきた。

「あのー、日本語で説明しましょうか？」

こうしてこの瞬間から僕の通訳は、この男性、O君になってしまった。J嬢には大いに未練はあったものの、これは仕事だから仕事の都合が優先する。それにJ嬢は自分の仕事もあるので四六時中一緒にいるというわけにはいかない。O君は学生ではないと言うし、この運動に参加しているわけでもないのでずっと僕の通訳をしてくれるという。O君は北京電気計算機学院でコンピューターを学び、卒業後そのままそこで教師をした後、日本の慶応大学に留学、現在帰省中だという。

3　一九八九年五月二五日

O君と天安門広場で落ち合い、あちこちの大学高校のテントを覗き、総指揮部に寄っては情報集めに精を出した。今の所警察、軍の介入はなさそうだ。あるとすれば六月二〇日の全人代（全国人民代表者大会）以降だろう、というのが大方の見方だった。というのは現在北京には約三〇の解放軍部隊が終結しており、これら部隊内部は鄧小平、李鵬首相支持の揚尚昆国家主席のグループと、学生に同情的な趙紫陽総書記支持の北京軍区の部隊の二つに分かれていて、お互いに牽制しあっているのだという。もし片方の軍が動けば軍同士の衝突になるのは必至で、今の所両方とも手出しが出来ないでいる、というのだ。人民解放軍は創建当時から各部隊は実力者が支配するいわば軍閥としての色合いが濃く、中央の指令だけではまとまらないという。だから親分同士が政治上の権力闘争でも始めればそれこそ内戦になる。支那事変の頃と変わりがない。

つまり学生達の行動は、こうした政府内部で密かに進行する権力闘争の微妙なバランスの上に成り立っており、その権力闘争も六月二〇日には表面化するだろう、と言うことなのだそうだ。今日、明日にも軍の介入か、と焦って北京までやってきたものの、何事も起こらないのでは僕達フリーランスは仕事にならない。それに五月三一日の夕方までに東京に戻らなければならない。その日の夜中が依頼雑誌

联络部

この運動の総指揮（リーダー）の柴玲さん（左の女性）

広場を巡回する看護師たち

の入稿締め切りなのだ。
新聞社や通信社のスタッフカメラマンなら月給をもらっているので、事件が起ころうが起こるまいが自分の収入に変化はない。が、僕達は違う。一回一回の仕事で経費は出るが没《ボツ》になればギャラは半分になってしまう。それに事件があればあるほどわれわれの出番が多くなるというものだ。人の不幸で金儲けする因果な商売だとは思うが、大新聞社やテレビが報道出来ない、またはしない分野で自分の存在感を発揮するのがこの仕事だ。それに何よりも自分でやりたいと思うことをしている、という大きな満足感がある。

広場をぶらつきながら横断幕やプラカードに書かれた学生達の主張やスローガン、落書きを読んでいくのが実に楽しい。漢字だけである程度理解できるがO君の説明を訊くとなるほどと妙に納得したり、当意即妙の表現に感心させられる。
例えばこんな具合だ。

打橋牌三五天不累
干正事三五年不会
倒彩電三五万不貴
喝茅台三五瓶不酔

これは腐敗した官僚達を当てこすっている。内容は、

――ブリッジをすれば三日も五日も続けてする（遊んでばかりいる。鄧小平の趣味はブリッジ）。やるべきことは三年五年かけても出来ない（やるべきことをしない）。カラーテレビを転売して三万五万元も儲ける（汚職で金儲けに勤しむ、趙紫陽の息子は実際カラーテレビで汚職をした）。茅台酒は三瓶五瓶飲んでも酔わない（高級酒は飲み放題）。

打倒　官倒

――高級官僚による汚職追放、打倒せよ。

これが運動当初の目的であり、市民も一緒に叫んだスローガンだ。やはり批判や当てこすりの対象はまず保守派代表の李鵬首相だ。

桃李満天下
討李満天下

――よい教え（老子の教え）は天下に広まり、李鵬への批判も天下に満ちる。

これもなかなかいい。

李X＝無頼

——李鵬はならず者。

李鵬要玩完　李鵬優恵　大減価　死

——李鵬はもう終わりだ、大安売りの大バーゲン、死んじまえ。

賤賣　鵬肉　名：煎　焙　蒸　炸

——鵬（伝説上の鳥、李鵬首相）の肉大安売り、メニューは炒め物、炙り物、蒸し物、揚げ物各種。

尋人（お尋ね者）
長相：熊様
特長：辞無忌伴　地念錯別字（ろくに字も読めない輩）
属相：猪一蠢（愚か者）
　狗一頼（ならず者）
　蛇一毒（毒のある者）
外号：三性家奴

これも李鵬首相へのちゃかし文。「ろくに字も読めない輩」というのは、李鵬首相が演説の時によく下書きを読み間違えることを指す。外号とはあだ名、三性家奴とは上記の三つの性格を持った、主人に仕えるだけのくだらない人間、という意。

中には鄧小平をあてこすったと思われる文も見られる。

歴史規律　独裁者必亡
自然規律　老混蛋必死
——独裁者が滅ぶのは歴史の法則、ぼけ老人が死ぬのは自然の法則。

鄧小平上西南
——鄧小平よ、西南に帰れ。

これは彼が三度目の失脚時に西南軍区に匿われていたことを指すが、同時に西南は西天（あの世）にも通じ、早く死んじまえ、ともとれる。

血不能白流
——血はただでは流さない。

「李鵬（首相）は無頼者」

「李鹏の家（ゴミ箱）」

炸！
鵬肉菜

「鶏肉（李鵬）大安売り。炒め、炙り、蒸、揚げ、各種あり」

これはちょっと物騒な話だ。

共和国馬戯団小醜太多

——共和国サーカス団にはピエロばかり（が沢山いる）。

こうしてみると過激な政治スローガンは見られず、多くは李鵬首相や鄧小平をからかったものが多い。官僚の腐敗を弾劾したり、より多くの自由を求めるのは青年の常であり、これを「反動」と呼んで大騒ぎするのは大人げないように我々には思えるのだが。

広場にはテントの他にも北京市のバスまで彼等の泊まり込みのために使われていた。前回学生達がハンストを行った際、市当局がその運動を援助するなど今までの中国では考えられなかったことだろう。やはりこれらのバスの側面にも多くの落書きが書かれていた。

鄧媽媽、快吧鵬兒抱回家去巴

——鄧婆さん、はやくあんたの赤ん坊を抱えて家に帰ってくれ。

これは我々外国人にはすぐには理解できない。O君の説明ではこうだ。鄧ばばさんとは周恩来未亡人の鄧頴超のこと。鵬兒とは李鵬首相のことで、子供のいなかった周恩来夫妻は多くの子供を養子にしていた。李鵬もその一人。つまり彼女は李鵬首相の母親になる。

O君とこの落書きをみて笑っているとバスの中の学生達が中に入れと誘ってきた。連結式バスの中には七、八人の男女が運び込んだマットレスの上やイスに腰掛けてのんびりとおしゃべりに興じていた。この四七号車バスは北京外国語学院（北外）の根城となっていた。外語大学なら日本語か英語かフランス語が出来る学生がいるだろうし、いれば直接議論もできるだろう。大きな衝突は起こりそうにもないのだから、せめて学生達の考えていることで記事にしてみようと思ったのだ。

少し話がしたい旨を申し出ると、一人一人が快く自己紹介してくれた。英語科、ロシア語科、アラビア語科、それに日本語科の女学生もいる。この女学生の日本語もすばらしく、その後僕の二人目の通訳として活躍してくれることになる。

ここのリーダーは陳見輿君（仮名）という二八歳の英語科の大学院生だった。顔つきは童顔だが、年長者であるためか他の学生よりずっと落ち着いており、リーダーにふさわしい聡明さと親しみやすさを持っていた。車内はよく見れば寝具、衣類、そしてゴミの山。水と思ったものは瓶に入った医療用ブドウ糖液だった。これはハンスト時に病院から提供されたものだという。布団もある。業者から提供されたものだという。食事は朝昼晩大学内の学生食堂から運ばれてきたり、支援の業者からの差し入れ。といってもそれは弁当であったり、キュウリとトマトだけだったりとまちまちらしい。しかしこの時運ばれてきた夕食は大きな籠に入れられたうまそうな饅頭だった。こうしてみると今まで一カ月以上も学生達が広場に陣取り、それに対して政府は何も出来なかったというのは、学生達の運動が市民からの広範な支持を得ているから、ということがわかってきた。

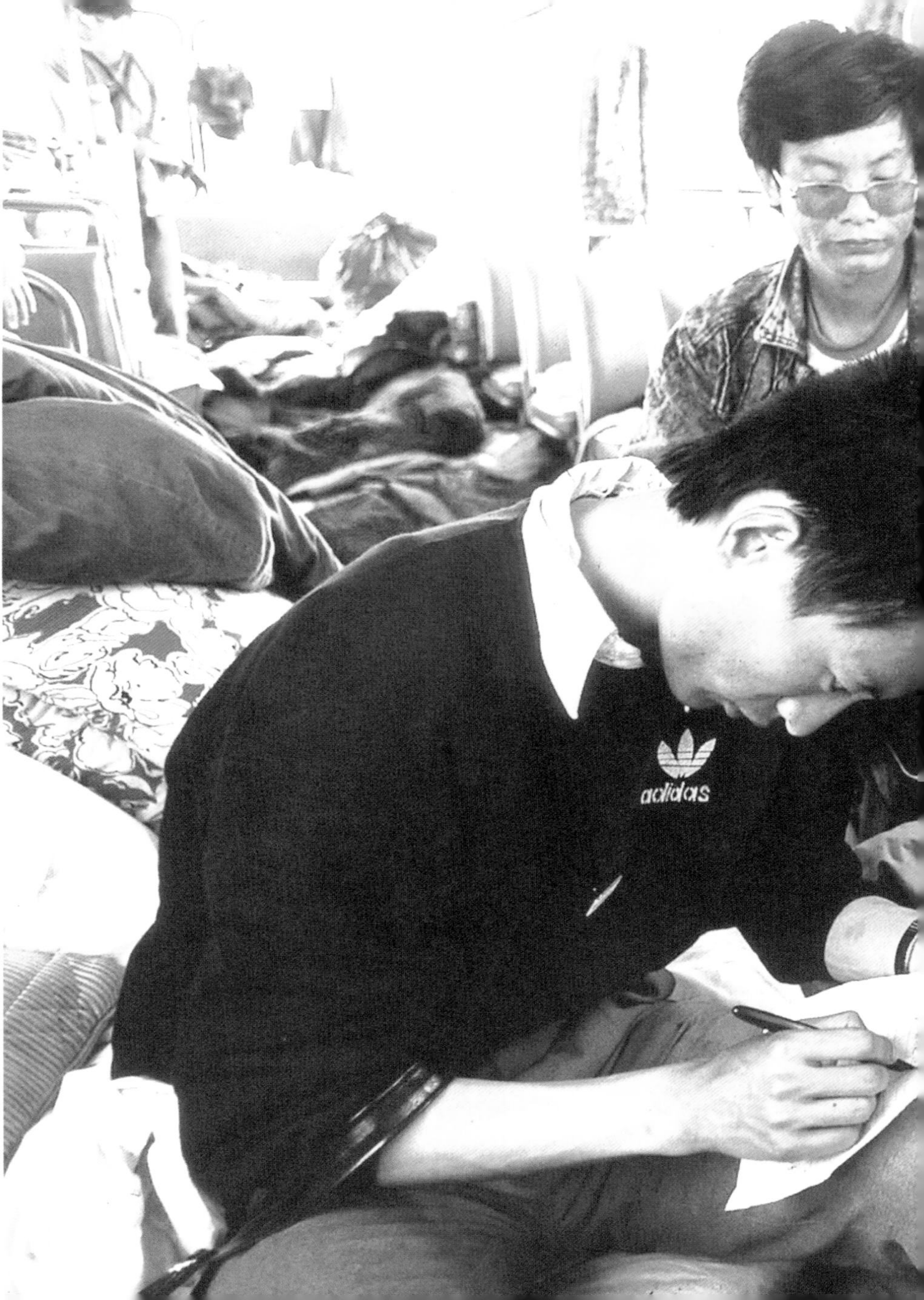

北京市提供のバス車内で会議する北京外国語学院生達

大学食堂から差しれの饅頭が届く

食事前は防疫のために手を消毒

自転車で広場を散策する女学生二人

ハンドマイクで遊ぶ学生達

しかし学生達の運動は今では明らかに反政府的である。ということは学生達の行動を、単に炎天下でかわいそうだからなどという情緒的な理由から支持しているのではなく、明らかに市民、企業までもが反政府活動を支援していると言っていい。彼等の要求は、政府官僚、党幹部の腐敗の告発、報道と言論の自由が主なもので、いわゆる「民主化闘争」であったが、学生達と話しているうちに共産党の一党独裁反対、経済改革の前に政治改革を、と言う言葉まで飛び出した。

この国は民主主義・自由主義の国ではない。共産党の一党独裁の国である。今まで民衆の本音、生の声が外に出たことはない。この国では「民主化闘争」でさえ十分に革命的であるのに、「共産党独裁反対」まで言い出せば、本当の革命になってしまう。こんな運動に政府は譲歩するわけはないし胡耀邦が死んだ今では話し合いもないだろう。武力で押しつぶすには相手が多すぎる。しかし放っておけば共産党のメンツは丸つぶれ、共産党支配体制自体が瓦解しかねない。事態がここまで進んでいるとは考えてもみなかったし、ことの重大さに今更ながら驚愕させられる。

「君たち本当にそんなことを考えているのか、それがどんなに危険な行為か君たちはわかっているの？」

他の学生達を代表するかのように一人の学生が話し出した。

「僕達は自分たちの醜い政府のやり方を正したいだけなんだ。それが結果的に共産党の一党独裁反対にもなるかもしれないし、共産主義反対になるかも知れない。しかしそれは大事なことじゃない。僕達はもう始めてしまったんだ。僕の正しいと思うことを僕の仲間と共にここで始めてしまった。僕は捕まっても監獄に入れられてもいい。僕は生まれて初めて、自分が何かをやっているという実感を知ってしまった。父も母も行くなと言った。しかし僕は僕自身の意志でここにやってきたし、クラスメートも共に運動している。捕まっても後悔はしない。もしそうなったら僕のことを普通の一人の学生だったのだと思い出して欲しいだけだ」

ロシア語科の学生が後を続ける。

「僕達はもっと自由が欲しいんです。もっと世界を見てみたいんです。たくさんの外国を見、たくさんの人と巡り会いたいんです。経験したいこと、やりたいことが一杯あるんです。僕は今二一歳で自分では立派な男だと思っています。男は泣かないもんです。しかしハンストに参加して病院に担ぎ込まれた時、僕は泣いてしまいました。それは僕が絶食を続けようとしているのに、看護婦達は自分の家からご飯を運んできてまでして僕達に食べるように頼むんです。その心からの善意で学生を助けようとする彼女達の心に感動したんです。僕はこんな経験をしてまた一歩自分が大きくなった気がします」

この学生の発言には少々解説が要る。中国では労働者、農民の方が学生より社会的地位は高いとされており、知識人（学生）は身分が低いのだ。しかし今回の運動の主役が学生であったことで社会的に彼等の存在が認められ、市民、労働者（看護婦）から大いに支持されたことに彼は感動している、ということらしい。それにこのハンストは当局に対しても相当の圧力になったことも確かで運動は大成功だったと言う。

ここで先程の日本語科の女学生が自作の日本語の詩を披露してくれると言い出した。彼女も前回の五月一三日から二〇日までのハンストに参加した一人である。

「食べてはいけません」

広大な天安門広場
今小さく見える
何百万人でいっぱい
五月の空高く青く
私たち絶食団の人々
その下で誓う
共和国のために
人民のために
自由と民主のために
絶対絶食
おかあさん知っていますか
あなたの娘今絶食していることを
おかあさん知っていますか
あなたの娘おなかぺこぺこ
でもおかあさん
水は飲んでもいいんです

しかし食べてはいけません
目が覚めると周りは真っ白
ああ、ここは病院ですか
天安門じゃないの
私は帰りたい、天安門へ
お医者さん看護婦さん
あなた達の目には涙いっぱい
やさしさいっぱい
けれどごめんなさい
食べてはいけないの
これは紀律だから
私は帰ります　天安門広場へ
私の心はそこにあります
帰ろう　出来るだけ早く
（五月一九日、北京東直門病院にて）

僕は聞いているうちに昔の学生時代を思い出していた。政治的主義主張の前に理想と情念があったように思う。青臭いかもしれないが自分のやっていることに真剣だった。ここの学生達も同じように自分に忠実であろうとし、周りの状況に真剣に取り組もうとしている。

戒厳令下で政治的には一触即発の事態の中だというのに、こんな青臭いことを考えているのか　と驚くと同時に、彼等の気持ちにストレートに共感し理解できた。ただ果たしてこうした若者達の真摯な問いかけに対し、大人達は真面目に答えてくれるのだろうか。

かつて自分たちも同じ状況にいた。しかし日本でさえも大人たちは正面から答えようとしなかった。ましてやここは中国だ。僕などよりずっと中国の実状を知っているはずの、この学生達がなぜこんな運動、闘争を始めてしまったのだろうか。逮捕されることは覚悟していると言うがそれだけで済まないかもしれないと言うことはわかっているのだろうか。外国人でもわかることが彼らにはわからないのか。それとも人間本来が持っている自己表現欲がこの国ではまったく圧殺されてきたが故の反動なのか。もっとこの中国での学生達、若者達の置かれている実状を知らねば何も報道出来ないのではないか。大新聞社と同じ報道をすることに意味はあるのか。こうして取材対象はこれから起こるであろう事件ではなく、今ここにいる彼等こそが取材の対象なのではないかと思い始めていた。

午後からデモが始まった。各大学、高校、職場単位にそれぞれ赤旗を掲げ、スローガンを書いた横断幕を押し立てて天安門の前の長安街に集まった。中南海の正門、新華門を通り、広場に入り、また天安門前を通って建国門方面へ抜けるというコースだ。広場に陣取った学生、職場のグループ以外に地方からの一時応援組も続く。シュプレヒコールがメガホンで叫ばれ、詰めかけた市民から拍手が上がる。北京外国語学院の先程の連中も学内からの学生も参加して五、六〇人の規模でやってくる。当局側からの規制は一切ない。実にのんびりした平和なデモだ。

夜、O君と通訳係りのSさんを誘って天安門広場を抜け出し、北京のナイトライフ探検に出かけた。といってもめざすは最近オープンのディスコクラブなのだが。北京飯店の近くに「カサブランカ」というディスコが出来た、ということはO君が知っていた。が二人とも行ったことがないというので行ってみることにしたのだ。

さすがO君は日本留学経験者でこの方面の情報に関心があるらしい。入口は大理石で覆われ、ドアを開けると一瞬ここは何処だ、と叫びたくなるほどの別世界が目の前に広がった。エアコンの心地よい冷気と美男の黒服達が出迎える。女性の黒服達もそろいの制服で美人ぞろい。接客態度もなかなかいい。ディスコミュージックががんがん鳴り響き、ミラーボールがまわる。椅子やテーブルその他調度品も東京のレストランで見るのと同じように垢抜けている。床はまだ木の香がしてこようという真新しいフローリングだ。中国だってこういう所があるんだ、とちょっと気分がいい。ただし客は僕達以外誰もいなかった。

黒服や女の子達は名札を着けているが、ラッキー、ローラ、ジョン、デイジーと皆英語名なのだ。客がいないから彼等がホールで踊っている。入場料は兌換券で二〇元、人民元で三〇元、コーヒー一杯は三兌換元、公務員の給料は月二〇〇人民元というから、これは高い。まず中国の一般人は来られないだろう。しかしこんな遊び場があるというからには客はいるのだ。では誰か。ふっと天安門広場で見た落書きが脳裏をよぎった。例の「官倒」の落書きだ。資本主義的自由と快楽を求める気持ちは若者達の間に染み渡り、党幹部はそれを腐敗として弾圧し、その裏で自分たちが自由と快楽を独占する、こんな構図が見えてくる。

世界人

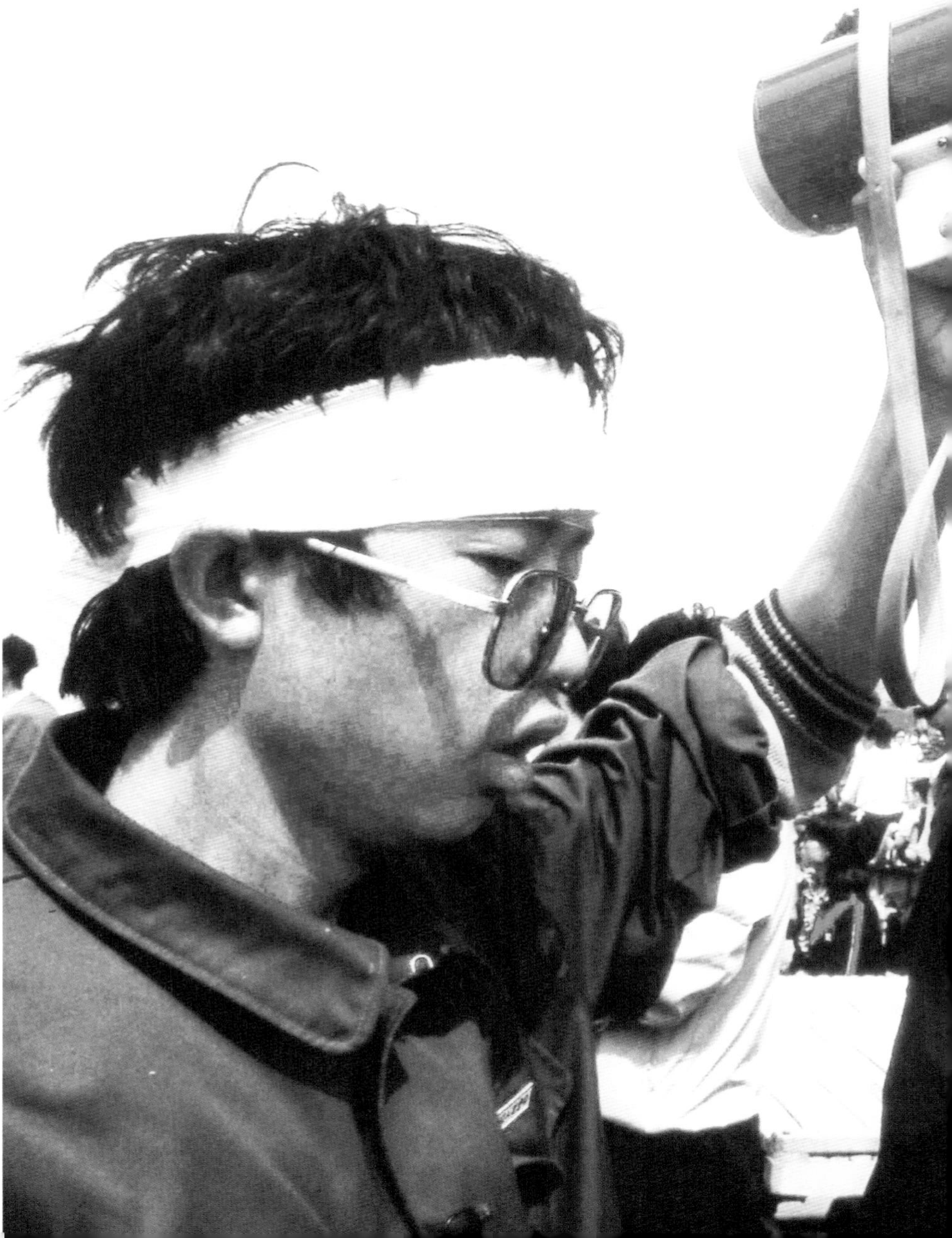

デモリーダーのシュプレヒコール

「お尋ね者、人相は熊のよう、特徴は禄に字も読めない輩……」

「血はただでは流さない」

语学院

北京外国語学院の横断幕

ZUSHUDIAN

天安門広場のすぐ近くの繁華街「王府井通り」

広場のすぐ裏道には昔ながらの中国の家並みが続く

客が我々三人ではまるで盛り上がらないので早々に店を出た。外はまた騒々しくて挨っぽい北京の町だった。食事のために王府井のレストランに入る。薄暗い食堂といった感じの国営レストランだ。白衣の従業員（服務員）が出てきて注文を取るがこちらの希望するものは大体品切れ。でO君が適当に注文してくれる。服務員のおばさんはお皿や箸はほとんど放り投げる、という感じでテーブルの上に並べて行く。びっくりして思わずO君の顔を見て訊いた。

「もう店が終わる頃なので機嫌が悪いのかな」

「いや、いつもこんな具合なんですよ」

「じゃ、ここは大衆的なレストランなんだね」

「そんなことないです。一応外国人でも入れるちゃんとしたレストランです。ただ国営レストランはこうなんです。東京と随分違うでしょう。この国では労働者が一番偉いんですから」と申し訳なさそうに言う。別にO君の責任でも何でもないが、この差異は初めての者にはショックだ。白衣のおばさんがまるで分厚い中国の壁、いや万里の長城のように見えて、ただただ圧倒される。食べさせていただきました、とこちらからお礼の一つも言わねば外に出られない雰囲気だ。料理は鳥肉とカシューナッツの炒め物に牛肉とピーマンのやはり炒め物、東京でもどこにでもある料理でどこにでもある味（正直言うと東京の方が旨い）だったが、腹も空いていたせいかおいしかった。

4　一九八九年五月二六日

朝、北外（北京外国語学院）のバスに行ってみると、学生達が車内の荷物を外に運び出している。うず高く積まれた布団の側にリーダーの陳君が立っていた。どうも市当局がバスを返してくれと言ってきたらしい。市内の運行に支障が出てきたから、と言うのが理由らしいがそれは本当ではない、と陳君は言う。政府からの圧力に決まっている、とも言う。そのうち運転手がやって来てエンジンをかけバスは行ってしまった。そして北外はまたもとの座り込み用のテントに帰ることになった。陳君も荷物整理のために一日大学の寮に帰るというので、僕とO君も一緒に付いて行くことにした。

北京外国語学院は市の西北、海淀区の一角にある。タクシーで天安門から一五分くらいだろうか。この辺は大学や研究施設が多く集まっており、北京大学、清華大学、それにO君の出た北京電気計算機学院もこの地区にある。広い敷地に教室、寮、食堂の建物が並ぶ。すべて古い石造りの建物でお世辞にもきれいな所とは言いがたいが、学生達の行き交う姿からは昔の「バンカラ風」が感じられて懐かしい。学生寮も古くて暗い。陳君の部屋には両側に二段ベッドが置かれ、真ん中に机が二つ向かい合っている。一応四人部屋の作りだがここは陳君一人の専用らしい。大学院生で年齢も上、ということで特別扱いなのだろう。本棚には英語関係の皮表紙の本が並ぶがこれは皆図書館からの借り物。『カンタベリー物語』なんてのもある。それに日本語の会話練習本、それにテープ。「なんだ陳君は日本語も勉強しているの」とただすと悪戯が見つかった子供のように、はにかみながら隠そうとする。

ここならゆっくりと話せそうなので、彼に政治的意見や今までの経過を説明してもらうことにした。陳君の説明によると、現在運動は非常に難しい段階にきているらしい。それは今日の市バス撤去に見られるように、当局が段々と攻勢に出てきたという。李鵬首相が昨日のテレビにビルマ大使と一緒に出てきたが、そこでこんなことを言っていたと言う。
「中国の改革解放の旗手は鄧小平であり他の誰でもない。中国は複雑な国である。外国はもっと長い目で見て判断して欲しい」と。李鵬首相は珍しく元気で自信に満ちていた、ということは何かある、と陳君は言う。それに今日天安門広場で常時流している政府の放送がこれも珍しく強い調子で学生に警告していたと言う。今日の政府側の発表をまとめてみると次のようになる。

午前一〇時
「地方の学生は地方に戻りなさい。広場には伝染病が蔓延している。中央の命令に従いなさい。
一九日の李鵬首相、楊尚昆国家主席の命令は英明である」
午前一〇時二〇分
「現在政府には全国から政府支持の電報が到着している。学生は政府の命令に従え。我々は心より李鵬首相、楊尚昆主席を支持する。この動乱の実質は共産党の権力を否定するものである」
午前一一時九分
「政府には現在二七の省、自治区、直轄市より政府支持の電報が到着している」

これに対して学生側も緊急会議を開いて策を検討している。次の段階に入って激しくデモをすべきかどうか、それとも労働者の工場スト、または全人代開催と李鵬退陣の要求を掲げてハンストに入るか。結局地方の学生達の強硬意見が通り、激しいデモを繰り広げることに決定。しかし北外の大方の意見は少し違っていた。

「確かにこの頃市民へのアピールが弱まり関心が薄くなっている。だから今日、明日中に何かの行動を起こさなければならないことはわかるが激しいデモまでは考えない。再度北京の学生と地方の学生が合同でハンストを決行すれば地方にもハンストが波及するだろう。その効果を期待したい。ただし今良い意見が出なければ二、三日以内に広場を撤退する。元来我々は暴力に訴えるつもりはないし、そんなことをしても無駄に命を落とすだけだ」

都会の学生と地方の学生とではかなり意見が違うようだ。彼等と話していてわかることだが、地方の学生の方が強硬であり元気がいい。例えばこの北外の中でも陳君は湖北省武漢市出身だし、後に決死隊の一員になるＹＹ君は新疆ウイグル区、ＣＷ君は四川省、といった具合だ。北京の学生は親や親戚に政府や党の人間や社会的地位の高い者がいるせいか、自分の行動をある程度自重しているふしがある。また地方の学生の方が地元で役人や党幹部の不正、腐敗ぶりを直接見聞きしているから運動に力が入るということらしい。

5　一九八九年五月二七日

昨日の政府側の強硬姿勢の理由がわかってきた。学生に同情的だった趙紫陽総書記が失脚したらしい、というのだ。同時に北京軍区長の秦基偉も解任されたらしい。僕には事態の推移はまったく理解できないが、どうも大きな状況の変化があったことは間違いない。北外生達は朝からあわただしく情報集めに走り回っていた。事態が激しく流動するときは現場にいる人間は情報の外に追いやられることがしばしばある。一体何が起こっているのか現場には知る手だてがないのだ。

学生達は広場に集まってきた市民達から聞いてきたようだ。趙紫陽が解任されたことは間違いないらしいが、だからといって権力を失ったことではないと学生は言う。市民達は学生達を説得し始めた。つまり、今引き上げれば政府は何もしないだろう、学校に戻って政府の動きを待てばいい、無理をするな、と。そして党の長老陳雲が顧問会議を開いて楊尚昆、李鵬を支持する声明を出した、という情報も入る。どうも李鵬は完全に趙紫陽派をつぶし実権を握ったらしい。学生側にとっては苦しい状況になってきた。

陳君もあわただしく総指揮部と北外のテントの間を行き来している。中央の決定事項を聞き、自分たちの意見をまとめて中央に持って行く、こんな作業が何回か繰り返された。うわさでは二九日には趙紫陽総書記の解任が正式に発表され、同時に軍が学生排除にかかるだろうという。これからどうすべきか、北外生達の意見は真二つに分かれた。陳君及び多数は撤退の方針を打ち出してきた。

彼等の意見はこうだ。

「ハンスト以来ずっとストを続けてきたのだから全員非常に疲れている」

「現在の情勢は危険だし特に二九日は危ない」

「今回は勢力を温存し次の機会に備えた方が賢明である」

これに対して少数派は、

「地方の学生が残ると言っているのに引き上げるわけにはいかない」

「二九日が危ないのならせめて二九日まで残るべきだ」と。

結局陳君は「残りたい者は残ってもよいが学校の旗は持ち帰る。それに以後の費用は自分で出すこと」という決定を下した。

結局残りたい学生は七人となり、決死隊を結成した。どんなことがあっても天安門広場を離れないと誓い合った。決死隊のメンバーは、アラビア語科のＹＹ君、対外漢語科のＣＧ君、英語科のＷＴ君、やはり英語科のＺＴ君、ロシア語科のＣＷ君、師範大のＺＣ君、日本語科のＧＧ君の七名である。陳リーダーはそれでも一人一人に説得を試みている。もう十分にやった、一緒に学校に帰ろう、と。

居残り組の一人が僕につぶやいた。

「北外は今まで政治運動には積極的ではなかったのに、今回初めてこんな運動をし、今の所素晴らしい結果を出しているんです。陳さんはこのまま怪我人も出さず逮捕者も出さずに終わらせたいんだと思う。彼のリーダーとしての気持ちも良くわかるし、やさしさにも心を打たれます。しかし、ハンスト中は先生達もこの運動を積極的に応援してくれたし、ハンスト後は学校で慰労会まで開いてくれたんです。だけどこんな状況で学校に戻ったらもう先生達もどういう態度で迎えてくれるかわからないでしょう。やれる所までやらなくては申し訳ないでしょう」

これに対して陳君は言う。

「今北京の周りは軍隊であふれているんだ。彼等が市内に入ってきたら彼等同士（趙紫陽支持派と李鵬

北京外国語学院の「決死隊」

支持派）の撃ち合いになることは必至。学生がこんな権力闘争の巻き添えで犠牲になるのはばかげている。今は撤退すべきなんだ」

だが事態は未だ混沌としていた。

午後六時、国務院内の学生支持グループからのアピールが発表された。

「全国各階層の代表者がハンストに入ることを決定した。各地の解放軍、業界、工場労働者、農民、知識人、警察、国家幹部は二九日に英雄紀念碑に集まり平和絶食請願団を結成して欲しい」

この声明を聞いて学生達は沸き立った。

午後七時、陳リーダーもスト中止を撤回して続行を決心する。

午後七時半、学生側が記者会見を開き緊急アピールを発表。「明日午後一時を期して全世界での同時デモを呼びかける。三〇日には市内での大デモを計画、北京市民、労働者、およびすべての階層から参加して欲しい」

状況の振り子は右へ左へ大きく揺れ、学生達の気持ちもその度に揺れ動いた。何がどうなっているのか正確なところは僕には勿論、多分学生達もよくわかっていなかったと思う。

すべては政府内の奥の奥での権力闘争に左右されていた。どの学生もあまり議論はしなかった。日本ならさしずめ口角泡をとばしての大議論になってしかるべき状況なのだが、学生達は自分で決めたことは自分で全うする、という風に妙に落ち着いたところがあった。そしてそれを誰も干渉することもなく、ましてや相談するというわけでもない。大陸的、または草原に生きる個人主義とでも言うのだろうか。

この夜僕は七人の決死隊員とともにテントで一夜を明かすことにした。いつもは一二時くらいで腰を上げてホテルに帰るのだが、今夜はなぜか学生達と一緒にいたかった。いつも彼女と二人でべたべたしているCW君、料理が上手なCG君、WT君もZT君も英語科の学生なのだがほとんど話は通じない。GG君の日本語は相当年季が入っているらしいが自分からは多くを話そうとしない。アラビア話科のYY君はいつも片隅で一人でうずくまっているおとなしい青年だ。だが絶対に天安門に残ると主張した強硬派でもある。一年生から四年生まで学年は様々だが、人間的にも様々で一人一人の行動を見ていると、中国人という一つのカテゴリーで人を見てはいけないとつくづく思わされる。

深夜になっても気温は下がらず、各学校のテントからは石油ランプの明かりがこぼれ寝静まる気配はない。僕が持ち込んだビールもすぐにそれぞれの胃の中に収まってしまい、また話すこともなくなってしまった。一二時も過ぎようというのに寝るでもなく、議論するでもなく、ふらりと散歩に出たり、テントの隅で缶詰を開けてパクついていたりする。

僕も当初はこのテントに毎日泊まり込むつもりだったのだが、問題は生理現象だった。この広大な広場に八万人からの人間が集まっているのだから当然この問題は処理されなければならない。その解決策、これが想像を超えていた。当初は、周りの革命歴史博物館とか人民大会堂のトイレを使っているものだとばかり思っていた。ところが実際自分が必要となったときに初めてその実態を知ることになった。広場の周りの歩道上に仮設のテントが何張りも建っていることは知っていた。これは当局の警官たちの詰所だろうくらいに考えていた。

ある時トイレの場所を学生に訊いてみると、このテントを指差す。半信半疑でテントの隙間から中を覗いて息を飲んだ。炎天下のテント内に充満した強烈な臭気が襲ってきた。この臭気の中、地面の上に人々が一列になってしゃがみ込んでいるのだ。よく見ると歩道上には長方形の穴（二〇センチ×五〇センチくらいだろうか）が二〇ばかり開いており、そこに跨っているのだ。勿論隣の人とは何の仕切りもないから「肩触れ合う仲もなんとやら」の状態なのだ。それにうまく穴に落ちなかったか、穴を使用できなかった者の排泄物があたり一面に散乱し足の踏み場もない。これらの穴の下は下水道になっており普段はマンホールのように鉄の蓋がされ歩道になっている。人が大勢集まる時はこのようにテントで囲まれたトイレに早変わりするというわけだ。

中国人の考えることは実に実利的でかつ大胆だ。広場の外の町中の公衆便所にも行ってみたが状況は同じだった。ただ穴が並んでいるだけ、それも辺り一面排泄物だらけ、なのだ。僕も今までカンボジアやビルマの山奥で相当ショッキングな生活をしてきたが、この中国の首都の中心地での経験には恐れ入った。この一件以来僕は朝の一時《いっとき》は必ずホテルの自室で過ごすことにしていた。

6　一九八九年五月二八日

タクシーで北京外国語学院に向かう。正門前に学生達が三々五々集まりだし、やっと一〇時過ぎに赤旗を押し立てて天安門に向かって出発する。隊列の中に見知った顔も見え、やあ、やあと手を振る。しかしリーダーの陳君の姿は見えなかった。参加者は約二〇〇人、今までよりずっと数は少ないというが、そのうち周りの大学からのデモ隊も合流し何とか格好のつくデモ行進になってきた。デモは一時過ぎには天安門に着くというので、タクシーで先回りすることにする。

昼過ぎ各大学、職場単位のデモ隊が続々と広場に集まってきた。僕は広場の入り口にある一〇メートルばかりの鉄塔によじ登り、その上から撮影と決め込む。ここからならもし軍や警察の介入があってもすぐにわかるし、何が起ころうとも撮影ポイントとしては最上だ。鉄塔の頂上の物見台にはすでに七、八人の見物客、カメラマンがひしめき、撮影は容易ではない。それでも下から次から次へと人が登ってくる。これ以上無理だと言ってもにこにこしながらよじ登ってくる。無理して入り込もうとすれば押された誰かが鉄塔から墜落するのは確実だ。

この時、以前知り合いから訊いた一九七九年の中越紛争時の中国軍の話を思い出した。国境となっている山頂の陣地に構えるベトナム軍に対して、中国人民解放軍兵士達は一列縦隊で何列にもなって攻め登ってきた。しかし銃を持つのは先頭の兵士だけで、その兵士が銃弾で倒れると次の兵士がその銃を持って登ってくる。ベトナム軍はこうして撃てども撃てども味方の屍を乗り越え、上へ上へと昇ってくる中国軍兵士に心底肝を冷やしたという。次から次へと登ってくる人達にこの中国軍兵士の姿がオーバーラップして見えた。中国では人間の命は安いのだ。その中に混じっているのだから自分の命も安いのだ、と思わなければならないのだろう。なるようになれ。

集まったデモ参加者はその数二、三〇〇〇人というところか。デモ隊のかざす赤旗、横断幕はもう見慣れたものばかりで、新しいグループのものは見かけない。隊列の動きも鈍く、ただぞろぞろ歩くだけで気分の高揚が伝わってこない。運動の勢力が日増しに衰えていることは明白だ。長期に渡る運動で学

者必亡
混蛋必死

「独裁者が滅ぶのは歴史の法則、ボケ老人が死ぬのは自然の規律」

外 語
la Chine

「中国の1789年（フランス革命）だ」

生達が疲れていることも一因だが、政府側の攻勢に有効な戦術を取り得ないことへの無力感も在るだろう。学生達はそれでもシュプレヒコールを叫び市民の喝采を浴びながら一時間ほどで散会していった。何かをしなければこのままじり貧で運動が終わってしまうことは誰の目から見ても明らかだった。僕自身学生達はよくやったと思う、しかしもう勝負はついたのだから学校に帰るべきだとも思う。陳リーダーの判断は正しい。これ以上運動を続ければ市民の支持を得られないし、そうなれば待ってましたとばかりに軍が介入してくるのは目に見えている。

デモが終わってから北外のテントでO君と合流すると、芸術学校の生徒達が面白い物を作っているから見に行こうと言い出した。なんでもフランスやアメリカにある自由の女神のような像を作っているらしい。そりゃ面白い、というわけで早速出かける。広場から歩いて三〇分ほどの所、王府井大通りを東に入ると北京中央工芸美術学校があった。

建物は他の学校と同じように古く薄汚れ、外からは美術学校とはとても思えない。しかし内部は複雑で汚いながらもアトリエが並び、そこここに画架が立てかけられ、未完成の彫像が転がっていたりしてやはり美術学校なのだ。パリの美術学校エコール・デ・ボーザールに雰囲気が似ている。

中庭で学生達が真っ白な石膏にまみれて奮闘している。身の丈二メートルくらいの、確かに「自由の女神」もどきの石膏像が上下二つの部分に分けられて地面に横たわっている。アメリカのものとは違って松明を両手で捧げ持つデザインだが、確かに「女神」には違いない。僕は「おお、中国に自由の女神だ」と感激して写真を撮りまくる。O君もしゃがみ込んで見入っている。

北京中央工芸美術学校の庭に作られた「民主之女神」の縮小モデル

そのうちやはり石膏にまみれた学生が建物の中から出てきて、盛んに「こっちに来い」と手招きしている。呼ばれるままに部屋の中に入ると巨大な石膏の塊が目に飛び込んできた。しかも四つもある。よく見るとそれぞれ庭にあった「女神」の頭と両腕、胸部、腰部、足及び台座なのだ。組み合わせれば相当な大きさになる。庭に転がっていたのは、このミニチュアのテスト版なのだということがやっとこの時にわかった。ただこの彫像の中身は発砲スチロールなんだそうで、その発砲スチロールに石膏で肉付けしたものだ。制作日数はたったの三日間、費用は四〇〇〇元（約一〇〇〇ドル）ですべて市民のカンパで賄われた。先程の学生が説明してくれる。

「高さは七メートル、重さは一・三トンあります。今はいつ当局によって破壊されてしまうかわからないから即製の塑像なんだけど、将来的には恒久的な像に作りなおして中国民主化のシンボルにしたいんだ。今晩には広場に運び込んで組み上げられると思うよ。見に来てくれるでしょうね」。僕達は「勿論」と答えて握手をし、その場を離れた。素晴らしいアイデアに感動しつつも、一時の夢に終わらなければ良いがという懸念も脳裏をよぎる。

僕とO君はそのままタクシーでまた北外の学生寮に向かった。今朝姿が見えなかった陳君に会うためである。この頃彼の姿が広場で見かけられないのが気になっていた。部屋のドアをノックすると、ややあっていつもの静かな彼の顔が僕達を迎えてくれた。彼は自室で手紙を書いていた。しかし思い詰めた表情にはいつもの明るさはなかった。もしやとは思ったが、彼の書いていたものは妻への手紙だった。その時初めて陳君には奥さんと二歳になる子供がいることを知った。

陳見興君は武漢に生まれ、武漢師範学院を卒業、ウルムチの新疆師範大学に英語教師として赴任した。

そこでやはり英語教師の奥さんと知り合い結婚、四年後単身北京に上京、北京外国語学院の大学院に入った。しかし今回の運動が始まって直ぐに彼は大学の自治会の委員長に選ばれ運動に没頭していく。

「最初のデモは四月二一日だった。胡耀邦総書記の追悼デモで天安門まで行った。次の日もやろうと言い出したんで、当然委員長を引き受けなくてはならなくなった。それにこういうことに関しては前の大学で少々経験があったからね」とニヤリ。

そして四月二四日には北外を含む一六大学がストに突入。二六日には人民日報はこれを「動乱」として報道した。翌二七日には六四大学、一五万人のデモに発展し市民も参加、合わせれば一〇〇万人のデモになった。多くの学生達は遺書を書いてからデモに参加していったという。

陳君は常にこうした運動の中心にいた。しかしそのことをウルムチにいる妻には知らせなかった。初めて妻に真相を打ち明ける手紙を書いたのは二七日の前夜、他の学生達が遺書を書いたように、これは彼にとっては遺書のつもりだった。

「麗へ。僕は今北外の学生運動のリーダーで、『一号人物』（当局に最もマークされている人物）になっている。僕の前には二つの道があった。一つは無事に北外で勉強を続けて行く道（僕が選んだ）。もう一つは、学籍を剥奪され、身柄を拘束され、もしかすると刑を言い渡される道だ。今の情勢では人民もかばってくれるから危ないことはないだろうが、万が一のことがあったら君にとても申し訳ない。子供にも済まないと思う。

僕の選択と行動を理解して欲しいと心から思っている。僕は僕自身に対しても、人民に対してもやましいことはない。歴史が僕達を正しく評価してくれるだろう。すべての家事を君一人に背負わせてしまっている。どうか体を大切にしてください。日曜日には必ず子供を公園に連れていって遊んでやってください。彼に山や湖、花や草を見せてあげて欲しい。彼に鳥の鳴き声、水の音を聞かせてやって欲しい。他の子供と同じように生活の楽しみを受けられるように願っています。

君と子供を理解し愛している見興より。

一九八九年四月二六日」

手紙を書いた翌日、妻からの電報が届く。まだ何も知らない妻は北京での騒ぎを知り心配のあまりず電話をし、それから電報を打ってきた。

「迅速回信　是否在上課」

――直ぐに手紙が欲しい、今授業を受けているのですか？

夫の手紙が到着する前に妻が書いた手紙が届く。妻は学校から事情を知らされたらしい。

「見興へ。あなたを恨む、あなたを死ぬまで恨みます。今になって私はあなたが北京で学生デモに参加していることを知らされました。それも『一号人物』だなんて。あなたはこの恐るべき結果をわかっているのですか。あなたの活動は、北外の党委員会から師範大学の委員会に手紙ですべて知らされ、校内にたちまち広がってしまいました。何らかの処分が取られるかも知れません。どう解

撤退すべきか続けるべきか、思い悩む陳リーダー

現代日本語実用語法
Going Abroad
現代高級英漢雙解辭典
THE ADVANCED LEARNER'S DICTIONARY OF CURRENT ENGLISH with Chinese Translation

接受美学与接受理论
辽宁人民出版社
学术文库
科学知识进化论
西方科学哲学
南京大学出版社
猜想与反驳
二十世纪西方哲学译丛
B372
B916
危机与选择
黄万盛主编
理性·真理与历史
（美）普特南 著
辽宁教育出版社
真理与方法
辽宁人民出版社
超越挑战与应战
现代西方文化十二讲
中国文化概论
中国文化书院
日英汉经济辞典

陳リーダーの書棚

釈すればいいのか、私にはわかりません。あなたはきっと自分のことを偉大で誇らしいと思っているのでしょう。あなたの革命的行動によって中国を変えられるのですか。あなたよりもっと偉大な人物がいたけれど、結果はどうだったというのです。

北京に行く前に私は、どんな活動にも参加しないで、と言ったことをきれいさっぱり忘れてしまったのですね。今は情けない気持ちで一杯です。北京に行くこと自体には私は嬉しく思いました。大きなチャンスだったからです。私は思いっきり勉強して、家のことは心配しないで、とあなたを励ましました。子供といくら苦労してもあなたに不平はこぼさなかったはずです。あなたは私と子供の心労を知っているのですか。今まで子供が病気の時もあなたには黙っていたのです。私の重荷がどれほどかわかってくれないのでしょうか。

あなたは自分のことすら考えていないのではないのですか。師範大はこれからも勉強を続けさせてくれるでしょうか。王さんの結末をあなたも知っているはずです。大学院課程も終わらないうちに放校になったでしょう。北外だってもう受け入れてくれないと思います。他の大学に行こうと思ってもダメでしょう。あなたの『栄光ある経歴』がこれからはいつもついてまわるのですよ。今回の行動が偉大なのか、それとも一生のことが大事なのか、よく考えて下さい。修了証を貰わずに帰ってきて何が偉大なのですか。あなたは将来世界的に有名になるでしょう。ご成功をお祈りしますわ。私と子供はあなたの足手まといにはなりません。こんなことばかり書いて私はつらくて仕方ないのです。許して下さい。よく勉強して、再び愚かな行動をしないよう願っています。　草々

一九八九年五月四日　麗

〔追伸〕

もう目を覚まして下さい。自分自身で道を閉ざさないで。一時の興奮は、一生の幸福に代えられるものなのですか。私のためでなく子供のことを考えて下さい。子供は毎日あなたに会いたいと言っています。あなたはこれを聞いてどう思うのでしょう。」

畳み掛けるようして妻からの第二信が届く。

「見興へ。あなたの手紙を受け取りました。私が五日に出した手紙も届いたのでしょうか。あなたの考え方と私の考え方のどちらも正しいと思います。あなたは愛国青年で、私は自分の家族を守ることだけを考えている人間です。あなたは自分の道が正しいと思っているでしょう。それが誤りだとは言いません。ただあなたの歩んでいる道は紆余曲折のある、他人には理解しにくい道です。行き詰まったときには失うものが多く、後悔するかも知れません。学生達の中で家族を持っていて、しかもリーダーになっている人は少ないでしょう。それともあなたは何もかもすべて捨てる覚悟でやっているつもりなのですか。どうか一人の子の父親だということを忘れないで下さい。私達は、今、子供を捨てることは出来ません。あの子はいつも良く聞き分けて、素直にあなたについていったでしょう。そのことをわかって下さい。

私はあなたの行動を理解しようとしないのではありません。本当に理解できないのです。やっぱり違います。あなたの革命的行動で、本当に国や一部の指導者を変えられるのでしょうか。自分に不幸をもたらすだけではないのですか。あなたの手紙を受け取って、家に閉じこもって泣き明かしました。その日から私は不安で緊張しっぱなしの毎日を過ごしています。どこまでもつか、自信がありません。

見興、お願いです。私のことを少しでも思ってくれるなら、すぐに手を引いて下さい。将来の就職口さえ見つかればいいんです。北京の人に騙されないで。あなたが「共産党反対」とさえ言わなければ大した罪にはなりません。これ以上の深入りはしないで。いくら悔しいと思っても、あなたのことを心配しないではおれません。あなたも少しは私達母子のことを考えて下さい。そうでなければ、私達の子供は父親か母親のどちらかを失うことになるでしょう。私が本気だと言うことを知って欲しいのです。

良い結果が出るにせよ、悪い結果が出るにせよ、本当は夫婦一緒に頑張って行きたいのです。でも、もし今のまま続けるのなら私はあなたを許しません。あなたは今授業に出ていますか。余計なことを考えないで。何かあったら必ず手紙を下さい。

あなたに早く元に戻って欲しい。許してください。　草々　麗

一九八九年五月一〇日」

五月一四日、手紙を受け取った時は、すでに陳君たちは天安門広場に座り込み、ハンストに入ってい

た。彼は友人に頼み、妻に電報を打ってもらう。

「平安思麗念路」

――無事、麗と路のことを思っている。

そして五月一六日、二度目の電報を打った。

「見興正在上課　請放心」

――自分は今授業を受けているから安心して下さい。

これは妻を安心させるための嘘だった。彼は依然天安門広場でハンスト中である。

五月一四日付の妻からの手紙。

「見興へ。あなたの電報受け取りました。あなたの学部の林主任は、あなたに運動を止めてよく勉強するようにと言っています。今の所あなたを処罰するとは聞いていません。ともかく、何を言われてもその通りにすればいいのです。自己批判文を書けと言われたら書けばいいのです。例えばこんな風に。私は腐敗反対のために運動に参加した。つい、衝動的に参加した、と。

中国という国を前進させることは、国民それぞれに責任のあることです。しかし、そのために自分に不幸をもたらすというのでは、誰も理解できないではないですか。あなたと同じ学部の田さんは大学院生の試験にパスしました。今年の後半には、何人かの人がシンガポールやその他の国に留学するそうです。あなたはこれを聞いてどう思うのですか。あなたが勉強の時間を捨てて得るものは、ただ心配や、緊張、恐怖、憂いだけではないのでしょうか。北京ではまだ運動を続けている学生がいると聞いています。あなたも続けたいと思っているのでしょうか。もういいじゃないですか。いいことにしましょうよ。

草々　　麗

一九八九年五月一四日」

この時すでに天安門には二五万人の人々が集まり、高校生、職場をも巻き込み一〇〇万人規模の運動になっていた。民主化要求はあたかも勝利を得たかに見えた。しかし五月二〇日に戒厳令が発せられると、状況は一転して学生達は苦しい立場に追い込まれる。彼等のハンストはこの時点で終了する。

五月二二日、妻からの電報。

「孩子病危速回」

——子供危篤、すぐ帰れ。

これは妻の必死の嘘だということはすぐにわかった。彼は次のような電報を打った。

「電報収悉　很着急　詳情見信」
――電報受け取った。とても心配している。詳しくは手紙を見てくれ。

この時期に僕が北京に到着したのだ。そして超紫陽の失脚前後からの学生達の運動の衰退ぶりは前に書いた通りである。そして陳見興が運動の終わりを感じ始めていた時期にも重なる。彼の部屋を訪ねたとき妻宛に書いていた手紙（電文）は次のような文面だった。

「体弱休養　恢復即回　寄銭若干　祝路節日愉快　理解」
――体が弱って休養しています。よくなったらすぐ帰るつもりです。お金を少し送りますので、路のこどもの日を楽しく過ごして下さい。帰れない私を理解してください。

中国のこどもの日は、国連の国際児童日である六月一日だ。陳君は電文を書いてから「故郷に戻りたい、妻や子供の顔を見たい」と言いながらこう語った。

「デモ、絶食、座り込み、授業放棄、学生に出来ることは全部やったと思う。学生の責任も果たしたと思う。今はただゆっくり休みたいだけだ」
「この運動が成功だったとも失敗だったとも言えないと思う。良かったことと言えば、第一にある程度市民にアピールできたこと、第二に共産党のメンツをつぶし、党への失望をしらしめたこと、第三に学生、労働者、農民の間に連帯感が芽生えたこと、第四に学生が市民に受け入れられたこと、ぐらいだろうか。また失敗と思えることとは、第一に、一ヵ月も運動したのに目に見える成果を収められなかったこと、第二に広範な運動にはならなかつたこと、じゃないだろうか」

今後彼の前には学校からの追放、逮捕、拘留のどれかが待ちかまえていることだろう。妻の言うように、彼には世間的な意味での将来はない。しかし彼の覚悟ははっきりしていた。

「僕はこの運動に参加した時から、もうこの国で何かになろうということは諦めていた。もし大量逮捕があれば学生が黙ってはいないし、もし僕が追われれば僕は逃げ切るつもりだ。もうそのために準備はしている。僕達は人民の味方なんだ。だから人民が匿ってくれるはずです。この運動が僕を必要としている限り僕はこの国に留まります。ただ北京にも武漢にもいないでしょう。具体的には言えないけど、多分南に逃げるか、うまく出国できれば博士号をとりにアメリカに行ってみたい」

一瞬妻や子供はどうするのだろう、と思ったが訊くのは止めた。この国で反政府活動をすることが、どんなに危険で異常なことかは彼の妻からの手紙でよくわかっていた。そんなことは十分承知の上での行動なのだ。門外漢が口を出す筋合いの話ではない。ただ最悪の事態にならないよう祈るばかりだ。

その夜学生達の総指揮部は六月二〇日まで広場でのストを延長することを決定した。当局の権力構造に変化があったとはいえすぐに軍が出動してくる気配はないし、未だ状況は混沌としている、というのがその理由だった。しかし総指揮部内も混沌としていた。広場からの撤退を考えていた総指揮の柴玲はこの決定と同時に辞任を表明、総指揮部内の足並みの乱れが表面化してしまった。しかし北外ではすでに決死隊のみが広場に残っているため、この決定は何の意味もなさなかった。

7　一九八九年五月二九日

昨夜から今朝にかけて広場の真ん中に櫓が組まれた。いよいよ中国版「自由の女神」、否、いまや「民主の女神」と名付けられた巨大像が広場に運び込まれてきた。見守る学生達の数は正に数千、この深夜の大事業に誰もが興奮していた。四つに分解された像は学生達の手によって次々に宙に引き上げられ台座、足部、胸部、頭部と組み上げられていった。一つ一つが定位置に着座する度に熱狂的な歓声がわき起こる。最後の頭部が鎮座したときは、この運動が勝利に終わったかのように学生達は歓喜した。学生達の団結と連帯をこの女神が見事に物語っていると思えた。傍で見ているだけの僕も嬉しかった。これで運動が勝てるとは思わなかったが、少なくとも学生達は大いに活気づいたことは確かだし、次なる運動への起爆剤にもなるだろう。しかしどうしても心から喜べないのは像が発泡スチロール製だということだ。簡単に作れるが同時に簡単に壊れるということだ。

翌朝は久しぶりに広場が華やいだ。多くの市民達がカメラ片手でどっと押し掛けたのだ。観光客もこの広場に建つ珍しい「女神像」に見とれ、自分と像を写真にとってもらうことに狂奔した。「女神像」の前で開かれた昼の集会も盛り上がった。僕にとっては初めてと言えるほどの大群衆が口々に「民主、民主」と叫び、再びこの運動が継続されてゆくことを予感させるに十分の盛り上がりをみせた。人々は

天安門広場に出現した「民主之女神」に学生市民は歓喜した

これで軍の介入は遠のいたと確信した。少なくとも六月二〇日の全人代までは。もし当局がこの「民主の女神」を力をもって撤去しようとするなら、市民達の激しい抵抗に遭うだろうことは日の目を見るより明らかだ、と思われた。

8　一九八九年五月三一日

北京を発つ日が来た。今晩が雑誌の締め切り日なのだ。結局軍と学生達の衝突はなかった。カメラマンとしては物足りない思いもあったことは事実だ。しかし天安門広場で出会った学生達の姿を思うと衝突がなくて本当に良かったと思う。

こちらとしてはすでに「民主の女神」の写真と学生達の話で十分記事が出来ると踏んでいた。これからどうなるかわからないが、ともかく六月二〇日まではこの調子だろう。それまでに運動はすぼみ多くの若者達は学校、職場、家に帰って行くだろう、というより、そうあって欲しい。空港に向かうタウシーの中でそう願わずにはいられなかった。

エピローグ

東京に戻って五日目の六月四日（一九八九年）、昼のテレビニュースは天安門広場を我が物顔に走り回る戦車の姿を映し出していた。押し倒されたテント、戦車の前に立ちはだかる学生、一列横隊で銃を構えながら前進する兵士達。一体何が起こったのかすぐには理解できなかった。そしてあの「民主の女神」にもロープがかけられ、ゆっくりと横転し、広場の石畳の上に粉々に砕け散った。一瞬にして変わってしまった状況に僕の頭は混乱するばかりだった。逃げ惑う学生達の中に北京外国語学院の七人の学生達の姿を見つけようと食い入るようにテレビの画面を見続けていた。

結局学生達は政府の強硬策で排除され、そして虐殺された。二日間に亘るこの暴虐行為で殺されたものの、その数二〇〇名から二〇〇〇名といわれるが実体はわからない。北外の決死隊の七人、リーダーの陳見興の消息もぷっつりとこの時点で消えた。その後北外学生寮宛に出した僕の手紙には何の返事もなかった。

二年半後の一九九一年一二月、東京の事務所の郵便箱の中に、パキスタンのペシャワールで投函された一通の手紙を見つけた。

「ジョーさん

今日は。一九八九五月に天安門広場でお会いできたことを大変嬉しく思います。そしてあなたは私達にとても楽しい印象を残してくれました。再びお会いできることを願っています。それはおそらく中国民主革命の勝利の日となるでしょう。

六月四日の事件の日、私たち七人は全員広場にいました。幸いなことに全員無事に広場を脱出出来ました。WT、GG、GW、ZTは今は北京外国語学院に戻り勉学を続けています。私は学校を離れました。我々のリーダー陳見興は当局に逮捕され、その後の消息はわかりません。あなたから送っていただいた写真は受け取りました。皆喜んでいました。

私は現在パキスタンにおります。天安門事件の経過には今でも大変興味を持っています。もしあなたの所に事件や私たちに関する記事、写真があったら是非送って下さい。あの時の写真は私たちにとってはとても貴重なものですから。

仕事はいかがですか。パキスタンにいらっしゃることがあればご連絡下さい。またお目にかかりたいと願っております。

あなたの最も良い友人、YYより。

一九九一年一二月一〇日　　ペシャワールにて　」

あの最後まで残ると主張していたアラビア語科のＹＹ君からだった。ともかくこれで陳見興君と二名の決死隊以外の学生五人は無事であることがわかった。しかし、無事逃げ切ってみせる、と言っていた陳君はやはり逮捕を免れなかったようだ。逃げられる自信を持っていた彼が捕まったのだから相当厳しい捜索があったのだろう。しかしなぜＹＹ君はペシャワールなどにいるのだろう。天安門事件の丁度一年前、僕もペシャワールにはアフガンゲリラの取材で数日間滞在したことがある。町中挨だらけの国境の町だ。多分逮捕を恐れてあそこまで逃げたのだろう。彼の故郷の新疆ウイグル地区からは国境を伝って行けば行けないこともない。

一九九二年一〇月二六日付のＹＹ君からの第二信。

「尊敬するジョーさん
最近のお仕事はいかがですか。相変わらず取材で外国を飛び回っておられるのでしょう。今年二月にあなたからのお手紙で陳見興さんの消息をお尋ねになりましたので、私はすぐに国内の友人達に手紙を書き、このことを訊きました。しかし彼等の返事には陳さんのことは一言も書いてありませんでした。おそらく彼等はこのことに言及することを恐れているのだと思います。中国の民主化にはまだまだ長い道のりが必要でしょう。もしあなたの方で陳さん、及び彼の奥さんの消息がわかれば教えて下さい。
ジョーさんは最近パキスタンにいらっしゃることはありませんか。私はここに来てすでに一年が経ちました。この国には活気がありません。どうみてもこの国に長く滞在するのは良くないようです。今私のいる大学は、中国の学生に対しては学費を免除してくれていました。しかし今年になり中国人学生も学費と寮費を払うよう通告してきました。しかしここでは仕事をして学費や寮費を払うことは出来ません。こんな訳でこの国がどんどん嫌いになりました。もし日本で仕事が簡単に見つかり、学費を維持できるようでしたら日本に行ってみたいと思っています。ご助力をお願いできるでしょうか。名義上の保証人になっていただけたら幸いです。お返事をお待ちしています。

あなたとあなたのご家族の幸福をお祈りしております。

王建山さんによろしくお伝え下さい。　YY

一九九二年一〇月二六日　イスラマバードにて」

この手紙が着いた時、僕は生憎日本を留守にしていた。日本に帰ってからも忙しさにまぎれ、やっとパキスタンに返事を出したのは半年後のことだった。しかし返事はなかった。すでに第三国に出国したのか、故郷に帰ったのか、その後の消息はない。

天安門事件から六年半後の一九九六年一月の寒い日、東京、有楽町の外国特派員協会で僕は一人の若い中国人外務官僚と会っていた。僕は事件後あの七人の仲間達の消息を求め続けたが一向に成果は上がっていなかった。そこへ彼等の消息を知る人物が現れたのだ。それもあの七人の仲間のうちの一人だったのだ。ロビーで待っていた彼はすぐに僕を認めて笑顔を見せながら近寄ってきた。しかし目の前の背広姿の若者があの彼だとは一瞬理解出来なかった。だが食事しながらあの日のことを話し合ううちにまざまざと彼の広場での姿が浮かび上がってきた。他の学生と同じように短パン、ランニングシャツで汗にまみれて広場を動き回っていた。しかしどちらかというと物静かな学生で皆の議論にも参加することなく、じっと隅で聞いているというタイプだった。その彼が今では中国を代表する職務に就き、ネクタイ背広姿で銀座の輝くばかりのネオンを背に僕の前に座っていた。よかった、と素直に思うと同時に虐殺された者、逮捕された者、そして地方へ逃げていっただろう学生達の無念の思いにも心が痛んだ。七人の消息はわかった。その彼等を追ってみたい、という僕の取材プランに対して彼は首を横に振った。「まだその時期ではありません。危険すぎるし、誰も会ってはくれないでしょう」と言う。今はただただ静かに過ごすこと、そしてあの日のことを忘れた振りをすること、少なくとも鄧小平が死ぬまでは。そうすればいつの日かまたあの日のことを自由に話せる日が来るでしょう、そう言って彼は目の前のワインに目を落とした。

小男で裏表のありそうな政治家鄧小平が若き日々をパリで過したことは知られており、ワインに目がなかったという話を思い出した。実に多くの国々から革命家がパリに逗留し、パリでの生活を謳歌して、そしてパリから巣立って行った。これは面白い事実だ。古くはマルクス、レーニン、トロツキーそれにベトナムのホー・チ・ミン、カンボジアのポル・ポト以下ほとんどすべてのポル・ポト派幹部、また中国では周恩来、鄧小平以外にも陳毅、朱徳、といった面々がパリ生活を送っている。皆学生としてまたは労働者としてパリの街中を徘徊し、下宿の屋根裏部屋で仲間とワインに酔いしれて議論を交わしていたことだろう。

皮肉にも鄧小平によって天安門広場から追われた学生達の多くはパリに逃げたと言う。その数二〇〇人から三〇〇人。そしていつの日か彼等は自国の政府を倒すために自国に戻ってくるだろう。そのことがよくわかっていた鄧小平は、だから今後二〇年間は自由化・民主化してはならないと言ったのだろう。しかし歴史は繰り返す。その時いつも一役買うのはパリだ。

ヘンリー・ミラーが『南回帰線』の中で書いている。「パリは人工出産の揺り籠である。ここで揺り籠に揺られながら、人々の夢はいつしか己の土地に帰るのだ」、と。

その後、弾圧を命令した鄧小平は一九九七年九三歳で逝き、最高実力者は江沢民、そして胡錦濤、習近平へと変わった。学生に同情的だったとして事件中に失脚した趙紫陽はその後自宅軟禁が続き、二〇〇五年に病死した。当時国家主席だった楊尚昆も一九九八年に死亡、保守派の重鎮、陳雲も一九九五年に没している。いまだ生きているのは当時首相で保守強硬派の代表だった李鵬一人。引退したとはいえ健在だ。そしてこの間、中国社会は大きく変化した。共産党主導の市場主義経済という歪《いびつ》な国家が現出している。鄧小平の「豊かになれる者から豊かになれ」という言葉どおり、株成金、土地長者がもてはやされ、国中が金儲けに狂奔している。

二〇〇八年には北京でオリンピックが開催され国際社会の一員として認知された。確かに一部の者は豊かになっただろう。しかし反面、地方の農民達の困窮振りは、役人達の腐敗と相俟ってよりひどくなっていると伝えられている。豊かになることは素晴らしい。しかし物質のみ豊かになっても心の豊かさが満たされなければ国と同じように歪な人間が形成されるだけだ。心の豊かさ、それは個人個人が自由に考え、自由に行動でき、何からも強制されない環境においてのみ求められるものだ。このような環境は国家のみが提供し保障しうる。

しかし中国における現実は自由化など夢のまた夢の話だ。天安門事件はこれからも封印され続けるだろう。人々の話題に上ることもなく、時の推移とともに風化してゆくことだろう。しかし天安門広場に集結した一〇〇万の若者達は、今五〇歳近くになり、中国の、否、世界の片隅で静かにじっと息を潜めながら、未来を見据え、しぶとく生きているに違いない。天安門広場では虐殺は無かったと主張し続ける中国政府は、天安門を経験した学生達が生きている限り、これから何十年も「天安門広場」という名前に怯え続けるだろう。

（二〇一二年一二月記）

第Ⅱ部　南の島の赤い十字架——東チモール、神父たちの戦い

チモール島全図

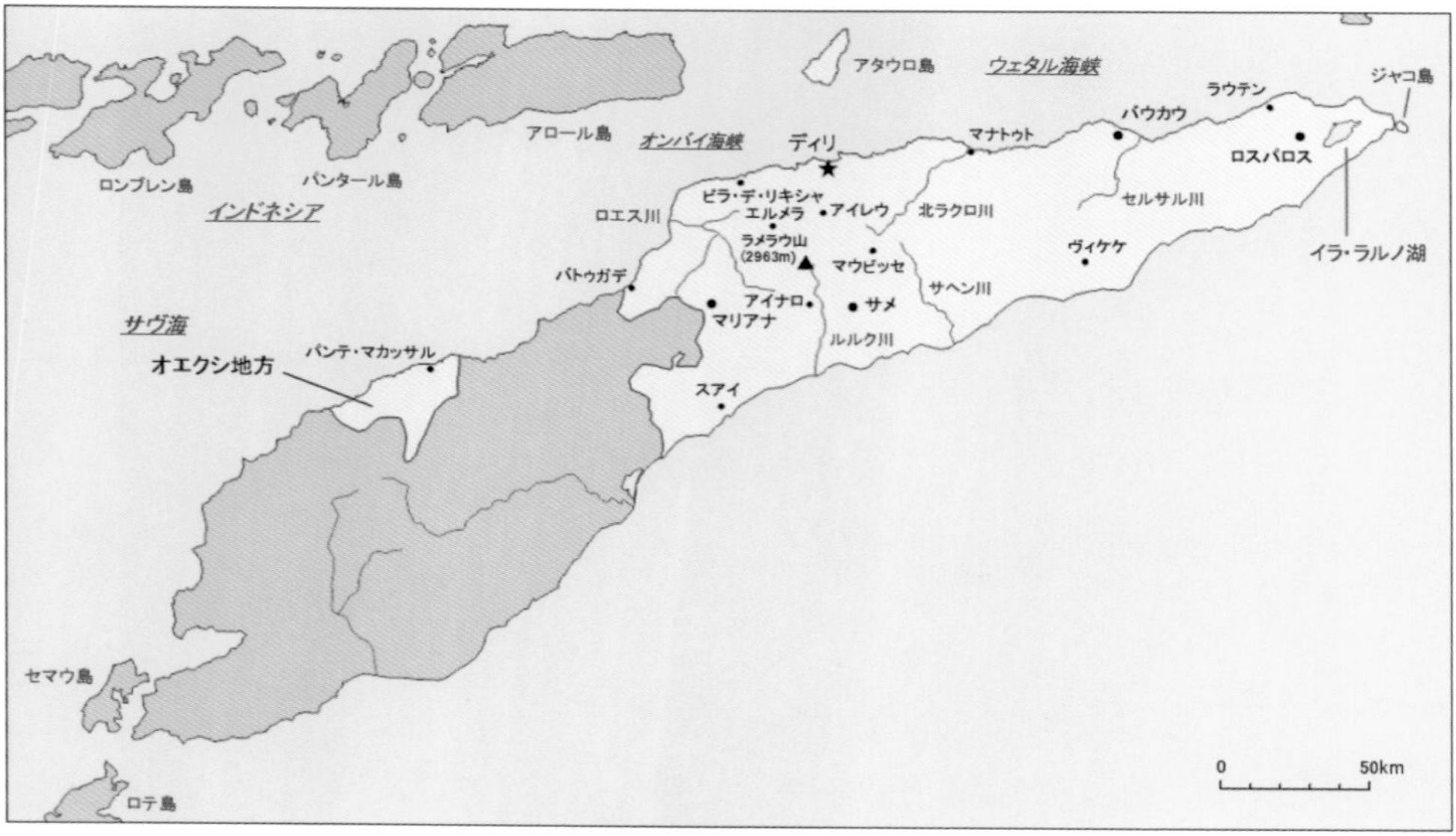

(東半分が東チモール)

プロローグ

1　ボカジオ青年

二〇〇〇年五月

ロンドンのボカジオからの通信が途絶えて久しい。

しかしこれは彼から一方的に連絡してこなくなったわけではなく、むしこちらから彼を拒絶した結果だから仕方がないのかもしれない。時々ロンドンという異国で妻と子どもを抱えてどうやって暮らしているのか気にはなるが、彼が自分で選んだ道、ロンドンでの生活にまで踏み込む筋合いの話ではない、と気にしないことにしている。しかし彼がロンドンにまで行ってしまったのは　なぜなのか。

ボカジオ・ドス・サントスは東チモールの青年で、私が一九九四年の二回目の東チモール潜入取材を試みた際に通訳として付き添ってくれた青年だ。当時彼はファトマカにあるカトリックのセミナリオ（神学校）の学生だった。その後神父への道を諦め、ジャカルタに移り勉学を続けた。神学校時代、ジャカルタ時代と、彼の勉学費用として四カ月に一度一〇〇ドルを東京から数年間送り続けた。それは有能な青年とその母国の将来への期待を込めた細やかな手助けの積りだった。そしてジャカルタでインドネシア人女性と結婚、東チモールの独立直後に一旦故国に戻ったものの、すぐにロンドンの大学から奨学金が出たということでロンドンへ渡って行った。もう十分勉強したのだから独立後の母国のために働くべく帰国すべきだと説いたが、彼はそれには何も答えてこなかった。

しかし一年後にはもう金の無心を請うメールが届いた。仕事を探しているが見つからないという。学生ではなかったのか。学生だったのかもしれないが、奨学生ではなかったのかもしれない。そこで再び一刻も早く東チモールに帰るべきであること、独立後の東チモールでは政府もNGOも優秀な人材を必要としているだろうから仕事はいくらでもあるだろう、これ以上ロンドンに居続けるのならば今後一切の援助はしないと返事した。それ以後通信は途絶えた。なぜ祖国に帰ろうとしないのか、帰りたくないのだろうか。

そしてある時ふと思いついた。帰らないのではなく、帰れないのではないか、と。ひょっとすると亡命？　もし帰れないのならばその理由は？　両親をインドネシア軍に殺され、自分は神父になって東チモールの独立のために働くのだと言っていた青年の身に何が起こったのか。それもすべてはあの取材から始まったのではないのだろうか？　そう思い始めたら居ても立ってもいられなくなった。当時の取材ノートを引っ張り出し、記憶をたどり始めた。

一九九一年一一月一二日に自分が何処にいたのか記憶は定かでは無いが（多分カンボジアのプノム・ペンでシアヌーク殿下の帰国を待っていたと思う）、その日それほど遠くない南の島で多くの罪なき人々が虐殺されたことをずっと後になってから知った。この虐殺事件が起き、一人の勇気あるイギリス人テレビジャーナリストがこの事件を世界に報道しなかったなら、世界は東チモールの悲劇について何も知らずにいただろう。

世界に知られる「サンタ・クルスの虐殺」とは、インドネシアによる東チモール併合に反対する住民数百人が、インドネシア軍により首都ディリのサンタ・クルス墓地で虐殺された事件を指す。この事件を知ってからも自分自身は東チモールには誰も知り合いがいなかったこともあり、取材に赴こうなどとは考えていなかった。しかし旧ポルトガル領東チモールの一九七五年以来の歴史を少しずつ知るようになって徐々に怒りがこみ上げてきた。

2　カーネーション革命

一九七五年、ポルトガルに左派政権が誕生しすべての植民地を放棄、これによりポルトガルの植民地であった東チモールも独立が可能になった。チモール島は一六世紀以来西半分はオランダの植民地、東半分はポルトガルの植民地となっていた。第二次大戦中は全島が日本軍の占領下に置かれた。戦後はインドネシアのオランダからの独立とともに西チモールはインドネシア領となり、東チモールはそのままポルトガル領として残った。そして一九七五年にポルトガルが撤退。インドネシアは隣の家から家主がいなくなったのを幸いに、すぐさま国境を超えて武力介入、多くの住民を虐殺した挙句、インドネシア領に併合してしまった。ここから東チモールの悲劇が始まった。

独立運動は徹底的に弾圧され、一九九〇年頃までには住民の三分の一、約二〇万人が殺されたという。それに一九九一年まで東チモールは外国人立ち入り禁止となっていたためこうした悲劇はまったく外国に報道されず、インドネシア軍はやりたい放題に弾圧した。調べれば調べるほど、なぜこの二〇世紀にこれほどまでの蛮行が行われていたのかと驚かされる。これは何としてももっと詳しく自分の目で確かめなくては、と思うようになったのは一九九三年になってからだった。

ただ、なぜ自分が東チモールに惹きつけられたのかという理由にはこの虐殺事件だけでなくそのずっと以前、二〇年近くも昔のささやかな体験がその根っこにあった。

一九七三年頃パリ大学の学生としてパリに遊学していた時、夏休みを利用してフランス人の友人と二人でイギリスへ旅行した。その帰りに彼の友人が経営しているというブリュッセル（ベルギー）にあるレストランに立ち寄った。料理はマクロビオテック（玄米食）で、いわば日本食。人手不足ということもあり、料理を手伝う代わりに宿泊代はただにしてもらって二週間ほど居候した。ヒッピーっぽい若主人が経営するこの店には多くの若者が常に出入りしていた。そんな連中の一人にポルトガルからの若者がいた。鬚面で熊のような大男だった。名前はフランコだかフランシスコだったか忘れたが、ある日なぜブリュッセルにいるのか訊いた。

彼が言うには、ポルトガルは長いあいだ独裁政権に苦しめられ、反対する若者達は次々に投獄され、自分も危うく逮捕されそうになった。それでベルギーに逃げてきたのだと言う。今の体制が終わるまで何とかベルギーに居続けたい、それももう少しの辛抱だとも語った。ポルトガルの政情はよくわからなかったが、理屈抜きで共感できるものがあった。当時のパリには自分の国からはみ出した若者が世界中から集まって来ていた。カンボジア、ベトナム、ユーゴスラビア、チェコ・スロバキア、ポルトガル、スペインそして日本、韓国。その多くが何らかの都合で祖国を離れた者達であり、活動家であったり芸術家であったりした。そこには若いエトランゼ（異国者）達が持つ独特の雰囲気があった。そんな雰囲気に酔いしれていた自分には町は違えど彼に同じ匂いを感じ取っていた。

彼らの母国はその後大きな紛争地として世界の耳目を集めることになる。ポルトガルも一九七四年に青年将校たちによる「カーネーション革命」と呼ばれた無血革命で独裁政権が転覆、左翼政権が発足する。この時新政府は独立運動が盛んだったモザンビーク、アンゴラといった植民地を放棄する。そしてポルトガルには何ら利益をもたらさなかった東チモールも宗主国主導で独立に向かった。すぐにフレテリン（FLETILIN、東チモール独立革命戦線）という左翼系政党が全土を支配、一九七五年一一月二八日には「東チモール民主共和国」の独立を宣言した。そして翌月の一二月七日にインドネシア軍の全面侵攻が始まる。

東チモール問題が表面化し自分の関心を引き付けたのは、まさにそこがポルトガルの植民地だったからだ。それは昔のおぼろげな記憶がそうさせた。あの熊男は当然革命後にポルトガルに戻っただろう。そして新しい政権の下で新しい自由な生活を始めたに違いない。しかしこの時同時に東チモールでもまったく新しい生活が、それも苦難の生活が始まっていた。

3　潜入準備

一九九三年九月

この年はカンボジアでの第一回の総選挙とポル・ポト派の取材で明け暮れていた。その取材の合間を縫って、東チモールの独立を求めるゲリラ組織との接触を試みた。この頃には世界各地、日本にも多くの東チモール支援の団体が活動を始めていたらしいのだが、そうした活動に無知だった。そのためまったくこれらの団体と接触することなく自分で調査を始めてしまった。幸いなことにバンコクのＩＬＯ（国際労働機構）で働いていた日本人の友人・吾郷が突破口を作ってくれた。彼は僕がジュネーブの写真学校に通っていた頃に知り合った男で、ジュネーブ大学の大学院で国際法を勉強していた。その後紆余曲折し、ＩＬＯのリージョナル・オフィサーとしてバンコクに赴任した。この地では少しばかり経験豊富だっ自分は先輩風を吹かせて夜の歓楽街タニヤやパッポンを連れ回した。これが良かったのか悪かったのかわからないが、今では日本の国立大学の副学長となっている彼は未だにバンコク通いが止まらない。勿論仕事で行っているのだろうが。

ＩＬＯ当時の彼の仕事はアジア地域での労働者の権利意識向上のため各国で講演して回ることだった。彼が言うには、シドニーのニュー・サウス・ウェールズ大学で講演した際にフレテリンの関係者と知り合ったという。そしてジョゼ・ラモス・オルタとジョゼ・グスマンなる二名の名前と連絡先を知らせてきた。ラモス・オルタは三年後にはベロ司教とともに東チモールの独立を牽引したとしてノーベル平和賞を授与されることになる人物だ。この時は彼がそんな大物とはつゆ知らず、連絡先のシドニーに何回もファクスを送り付け、来ない返事にいらいらしていた。一カ月後の一〇月、突然アメリカからファックスが入った。

「今貴君のファックスを受け取った。詳しいことを話し合いたいので今晩下記に電話して欲しい。明日からの連絡先も毎日変わるので列記しておく」という簡単な文面だった。

ニューヨーク、オタワ、ロンドン、オスロ、そしてニューヨークと三、四日おきに連絡先が変わっている。そしてある期間は「連絡不能」とある。相手がどんな人物かだんだんと理解出来てきた。どうも東チモール独立運動の中心的人物であり、世界中を秘密裏に行動しているようだ。指定されたその日すぐにニューヨークに電話して正式に取材の申し込みを伝えた。外交活動に忙しいラモス・オルタ氏に代わって連絡係はオーストラリアのダーウィンにいるフェレイラ氏を紹介された。数回に渡るフェレイラ氏とのやり取りで、予定していた一一月の取材は来年四月以降に延期することになった。それは一二月から四月までは現地は雨期に入り、山中での行動は困難であること、それに言葉の問題があった。フェレイラ氏からは現地では英語を話すガイドは用意できない、従って現地語であるテトゥン語、またはポルトガル語かインドネシア語で会話することが必須である、と言ってきた。

さて、これは大問題だ。というのは、自分は当然ながらこのうちどの言葉も話せなかった。フェレイラ氏のシナリオではバリ島のデンバサールからインドネシア領西チモールのクパンに飛び、そこでオートバイをレンタルして陸路東チモールに入る。ゲリラのいる山の麓まで一人で行き、その後連絡員と合流し山の中に入る、というものだ。これでは確かに言葉が通じなければ何もできない。すぐに出発など出来るわけがなかった。そこでフェレイラ氏に半年の猶予を願い出て、雨期が明けるのを待ちながら、適当な言葉を勉強することにした。今からまったく知らない外国語を勉強するなど無理な話なので、フランス語と同じ地中海語系のポルトガル語しか選択の余地はなかった。また同じ系列のスペイン語は一時在籍したパリ大学でも初歩を習ったことがある。この時は先生がすごいスペイン美女だったというまことに不純な動機だけでこのコースを取ったのだから今ではまったく覚えていない。しかし今度は半年間で何とか日常会話をマスターせねば仕事にならない。

すぐにポルトガル語の先生探しが始まった。ネイティブで出来れば女性（外国語の先生は異性に限る）、個人授業であること、費用が安いこと（一時間三〇〇〇円以下）、有楽町界隈で授業できること、が条件だった。こんな条件を満たしてくれる先生などいるはずがないから、東チモール取材を諦める良い言い訳になるとよからぬことを考えていた。ところが探したら、いたのだ。知り合いの友人で日本人と結婚している日系ブラジル人女性が丸の内で仕事をしているから退社後六時から一時間なら面倒をみてあげるという。たった一回の取材のために新しい言葉を習うなんて初めてのことだったし、以前中国語に挑戦して見事に半年で敗北した苦い経験もある。しかし今回はすでに自分以外の人間がこの取材のために動き始めているわけで、もう逃げるわけにはいかなくなっていた。

早速次の週から有楽町の外国特派員協会のバーでレッスンが始まった。同時に東京にある東チモールの支援団体の会合にも顔を出し始めた。しかしいくら頑張ってもたかが半年、しかも数回のレッスンで外国語が話せるようになるなどとは期待する方がおかしい。だから、知らないよりはましという軽い気持ちでやりましょう、とはやさしいフロリンダ先生の言葉。しかし一年後、このの半年のポルトガル語特訓のおかげで、多くの難関を切り抜けて日本に無事帰還することが出来たのだからフロリンダ先生に感謝感謝である。

一九九四年五月

頃はよしとダーウィンへこちらの準備完了の連絡を入れる。折り返し細かい指示が届く。まずチモールの詳細な地図を手に入れよ、そして具体的には西チモール側のクパンで連絡員と落ち合い、一人でバスに乗って東チモールに入れという。そして二人で行動することは人目に付きやすく危険だからだという。そして最後の打ち合わせのため五月二八日にダーウィンに電話するように、とつけ加えられていた。それから服装の指示までである。なるべく目立たない服装、例えば深緑色、焦げ茶、または黒の服装で、同じような色の帽子を被れ、荷物は最小限に、機材は露出しないように等々。だんだん不安が募る。他に仕事が入ったからとか、急に病気になったと言って中止を申し入れようかと弱気になるが、かといって、今からでは周りに迷惑がかかるし、それに敵前逃亡みたいで格好悪い。行かねばなるまい。

アメリカのサン・ノゼに住んでいる高校時代の友人・辻に連絡し、急いでチモールの地図を探してくれるよう頼んだ。日本にはチモールの詳しい地図などありはしない。一週間後、友人が彼の母校スタンフォード大学の図書館で見つけたといって、アメリカ陸軍の作成した二五万分の一の地図が五枚一組で送られてきた。

五月末に出発を予定して準備していた所に、またまたダーウィンから連絡が入った。現在ゲリラ側はインドネシア軍に攻勢をかけているところで状況は大変厳しく取材者の身の安全を保障できない、従って今回は延期して欲しいというものだった。飛行機の切符まで買ってあったのだが、それよりやっと腹を決めての出発だったのに、と口では言ってもやはり緊張が緩んでほっとしたのは事実だった。

東チモールへの想いは一旦棚に預け、次の目標を決めなければならなかった。フリーランスは常に次の目標を考えていなければ、今回のように急に仕事がキャンセルになった場合、毎日が日曜日になってしまう。去る二月下旬に停戦が発効したボスニアのサラエボへ入ることにし、自分が所属しているパリの通信社にアクレディ（信用状—取材のための身元保証書）と現地に展開しているＵＮＰＲＯＦＯＲ（国連保護軍）への紹介状、の発行依頼、防弾チョッキの予約、そして東京↓パリ↓ザグレブの航空券の手配に慌ただしい毎日を過ごし、六月二二日にパリへと向かった。

一九九四年九月、再び東チモールの季節が巡ってきた。一一月一二日は一九九一年に起きたサンタ・クルス虐殺の記念日であり、一一月二八日は一九七五年の幻の東チモール共和国独立宣言の日である。これらの日には住民や学生による独立を求める示威行動が発生し、それを鎮圧しようとするインドネシア軍のために多くの人々が逮捕されたり死傷者が出るのが常だった。カメラマンとしてはこれらの日には絶対現地にいたい。そのためには今から準備せねばならない。またダーウィンとの交信が始まった。

一九九四年九月三〇日

ダーウィンから最終的なスケジュールが送られてきた。内容は以下の通りだ。

一〇月八日までに西チモールのクパンに到着し、ケリムッ通りの同名のホテルにチェックインする。

翌一〇月九日午前九時、クパンのカトリックの大聖堂の入り口で連絡員と落ち合う。

この日は日曜で朝七時から一時間ごとにミサがあるため門の前に立っていても他人に怪しまれることはない。連絡員の男は肌は浅黒く細身で背が高い。服装はジーンズに赤いTシャツ。彼と自分の暗号名も教えられた。その後の指示は彼から受けろという。彼も同じホテルに泊まるがホテル内では声をかけないように。もし何かあればホテルの隣の家に逃げ込め。ビクトリアという女性がいるので助けてくれるだろう。そこでも連絡が付かなかったらディリのオランジーナという女性に電話しろ、といってそれぞれの電話番号が記されていた。クパンからはバスで国境を越え東チモールに入り、丸一日の歩きでゲリラ勢力の支配地に入るだろう。今度こそ彼らも本気のようだ。

ダイアリー〔一九九四年一〇月四日～一二月二九日〕

1　関門空港

一九九四年一〇月四日

バンコクを経由してバリ島のデンバサールに着く。ここはリゾート地ではあるが、同時にチモールへの玄関口に当たる。そのためインドネシア当局の警戒が最も厳しい所だという。何しろ九一年までは東チモールには外国人は立ち入ることは出来なかったのだ。空港から最も近いリゾート地レギャン地区の安ホテルに入る。短パンにTシャツ、ゴム草履という観光客姿に着替え、隣の小さな旅行代理店に行く。明日のディリ行きの便を予約するためだ。

「えーと、明日ディリに行きたいんだけど、飛行機を予約できるかな」

カウンターの若い男はすぐに分厚い時刻表を取り出して便名と時間をメモし始める。すると隣に座っていた若い女性が、

「ディリに行くには許可証が要るんじゃなかったかしら?」

と、口を差し挟む。すると今度はもっと奥に座っていた目付きの悪い男が、

「ああ、ディリだったらビザが要るね、持ってるのか？」と訊いてくる。

「そんなはずはない。ガイドブックにはそんなことは書いていないぞ」とすっとぼけて、そして怒りを込めて反論する。

「いや、ビザとか許可書とか、そういうものが必要なんだ、外国人には」と係員。

「じゃ、訊くが同じインドネシアに行くのになぜビザが要るんだ！」

するとと我々の会話を横で聞いていた最初のカウンターの男が、わかった、わかったと言いたげな風情で、

「いいんだ、ビザなんか要らないよ。飛行機のチケットを買って乗ればそれでいいんだ。ただし、ここでは予約できないから空港へ行ってくれ」

なぜそれを早く言わないんだ。やはりいまだに東チモールに外国人が行くというのは問題なのだ。なるべくだったら行かせたくない、ということなんだろう。ここまでして隠しておきたい東チモールとはどんな所なのだろう。

一〇月五日

ホテルにはこれからフローレス島に行くと言ってチェックアウトする。空港でチェックイン、メルパチ航空の係員にチケットを見せる。

「おお、ミスター・オシハラ」とやけに愛想がいい。待ってましたと言わんばかりの応対だ。すぐに後ろのドアから四、五人ぞろぞろと出てくる。一番目付きの鋭そうな男がパスポートをそれこそ舐めるように隅から隅まで調べている。

「仕事か、それとも休暇か」

「半分、半分だ」

短パンにゴム草履という姿を眺めて、

「休暇なんだろう、ロンボックに行ったかね」

「いや、まだ行ったことがない」

「じゃ、まずそこに行くべきだ。ロンボックはきれいな所だぞ」

「実は自分は旅行会社の社員なんだ。休日を兼ねて新しい観光地を探している。ロンボックやフローレンスなんてもう知られた観光地だからね。僕の会社は興味ないね」

と言いながら名刺を差し出した。こんなこともあろうかと、偽の旅行会社の名刺を用意しておいたのだ。

「では、ディリに何をしに行くのか？」

「日本人の観光客を連れて来るには事前にそこのホテルやレストランの状態を調べておく必要があるだろう。日本人は良いホテルがなきゃ旅行しないんだ」

「うーん……、行っていい」と言ってパスポートを突き返してきた。

デンパサールから一時間四〇分、飛行機は海から突き出す険しい山波を持つ大きな島をめざしていた。茶褐色の山と青々とした海との境目、狭い海辺の小さな飛行場に飛行機は滑り込んだ。心配していた荷物チェックもなくすんなりと外に出た。ディリ、ディリと一年間も恋いこがれてここまでやってきたのだ。それなのに空港のあまりの小ささと、何もない当局の歓迎に拍子抜けの思いだ。一目で外国人とわかるのだから、別室に呼んで荷物検査ぐらいしてくれても良さそうなものだ。外に出るとどの空港でも同じように、タクシー運転手が客引きのためにすり寄ってくる。確かにここは人種的にはバリやジャワとは違う。肌はずっと黒いし、鼻は大きく横に広がっている。髪の毛は縮れている。メラネシア系なのだ。そんなタクシー運転手達の中から、おとなしそうで人の良さそう男を選んだ。タクシーは一様にブルーに塗られているがもう三〇年は使っていると思われる国籍不明の大型ポンコツ車。後で運転手に訊いたらポルトガル時代から使われているアメリカ車だという。窓から見える山には背の低い潅木しか生えていない。荒涼とした風景が続く。車はごとごとと進み一五分程でディリで市内に入った。

今回のディリは初めてのこともあるので二、三日本当に観光旅行だけして引き上げるつもりだ。どうせ来週には仕事として山の中に潜入することになっているのだから、今回はそのオリエンテーションとして、せめて首都ディリの表情くらいは見ておきたかった。運転手のマックスを待たせてホテル・レゼンダにチェックインし、終わるとすぐに市内観光へと飛び出した。

2　サンタ・クルス墓地

暑さと湿気は南国そのものなのだが、町は白く、静かで、乾いていた。それが建物の白さなのか、道行く人々の少なさからくる静けさなのか、西欧の植民地であったが故の落ち着きからくる乾いた雰囲気なのか判然としない。

訪れてみたいところは沢山あった。インドネシア軍が、またかつては日本軍が侵攻したディリの港、虐殺現場のサンタ・クルス墓地、虐殺時のデモ行進の出発地点となったモタエル教会、インドネシア政府が住民の懐柔策として建てた壮大なカテドラル、日本軍の洞窟、そしてチモール大学など。こんなにも静かで美しい南国の町に多くの虐殺、戦争の痕跡が溢れていた。それも真っ赤に血塗られた物語ばかりだ。白い建物、木々の緑、真っ青な空、学生達のライトブルーの制服、これだけでも十分な原色の世界なのに、これに真っ赤が加わったらどうなるか。この町でどんな殺戮が過去に行われたのかは現実には見ていないが、今まで何度となく見てきた血の色をこの町に重ね合わせてみるなんて、強烈過ぎて目眩を起こしそうだ。

カンボジアでたった今地雷で飛ばされたトラックバスに出くわしたことがある。爆発地点から三〇メートルも吹き飛ばされ仰向けになったトラックの周りには、瀕死の乗客たちが横たわっていた。その数二〇数名。胴体が大きく割れ内臓が飛び出した人、両足が付け根から吹き飛ばされた人、足と胴体が一八〇度回転してしまった人。血と埃にまみれてそこら中に転がっていた。僕達の車のほんの五分程前に追い抜いて行った車なのだ。もし追い抜かれていなかったら当然この場に自分の死体が転がっていたわけだ。この時の記憶は頭の中ではなぜかモノクロの世界で残っている。ただ、ざっくりと裂けた女性の胴体から赤黒い血が流れ出ていたことだけがカラーになっている。そしてあちこちに転がった肉体から何か煙のようなものがふーっと空に立ち昇っていくのが見えた。音のない無色透明な不思議な世界だった。これが「魂」と言うものなのだろうか。人の生命の炎が最期の一輝きを終え、ただの物体へと化してゆく瞬間だったのかもしれない。一時、写真を撮るのも忘れ、その陽炎のような不思議な現象に見入っていた。

「ここがサンタ・クルスだよ」
マックスの声で我に返った。正面に真っ白な土塀が目に飛び込んできた。低い土塀の上からたくさんの十字架の先が覗いていた。マックスはよく見えるようにとスピードを落としてくれる。うまくビデオが撮れなかったので、もう一度戻ってくれるように頼んだ。しかしマックスは何か口の中でもぐもぐ言っているだけでよく聞き取れない。「ミリタール、インテル……エストランジェーロ……」などと言っている。どうも「軍やスパイが外国人を見張っている」ということらしい。マックスには自分はあくまでも観光客ということになっているが、見たいという場所はことごとくここでは問題の場所なのだ。彼もだんだんこちらの意図を察してきたらしい。こちらも早く彼が何者なのかを探らねばならない。

インドネシア軍のスパイ(ここではインテルと呼ばれている、インテリジェンス・エイジェント＝諜報員)なのか、それともゲリラ支持者なのか。取材目的で入っているとわかれば、もし彼がインテルならばすぐ軍に通報するだろう。そして逮捕、強制出国となるだろう。しかし彼は「撮るな」とは言わなかった。

夕方一人で海辺の遊歩道に出てみた。夕涼みの市民達が三々五々集まり、こちらに二、三人、あちらに四、五人と海辺の遊歩道の欄干に身をもたせかけ、落ち行く太陽に眺め入っていた。熱帯の国のどこにでもある一日の終わりの静かな光景だった。ひとしきり真っ赤に染まった夕暮れを堪能してから周りの人々を観察した。人々はこの外国人に関心を示しながらも見て見ぬ振りをしていることは明らかだった。笑顔もないし、と言って警戒しているわけでもない。こちらからは彼等の感情を読みとれないのだ。熱帯の国でこんな精気のない視線を感じたのは初めてだった。この時、この町に入った時から感じていた静さけ、乾燥した雰囲気、そして白さ、といったこの町の印象がどこから来ているのか悟った。それ

サンタ・クルス墓地入り口

墓参に訪れた喪服の女性

ディリ港岸壁に佇む青年達の顔に活気はみられない

ディリ市内朝市での野菜売り達

は人々の目だ。空港で客待ちしていた行く運転手達、市内の食堂の主人、市場の人々、道行く学校の生徒たち、彼らの目が異常に静かなのだ。死んでいると言っていい。

3　レテフォホ村

一九九四年一〇月六日

マックスの車でエルメーラに行くことにした。ホテルで貰ったパンフレットには、エルメーラはリスボンに似た町でコーヒーの産地だと書いてある。いわゆるチモールコーヒーの本場というわけだ。相当山奥のようだ。ゲリラ達の活動する場所を町側から見ておくのも悪くないと思った。

ディリから海岸伝いに西に向かい山に入る。舗装はされているが狭い道を登り降りすること約一時間、峠を降りてエルメーラの町に滑り込んだ。マックスはこの町には見るべき所はないから、もっと良いところに案内するという。山の頂にある村で景色が素晴らしいという。せっかく来たのだから町中を散策したり市場をひやかしたりしたかった。しかし余り時間もないことなので彼の申し出を受け、再び山道を登り始めた。右も左もぴっしりとコーヒーの木が植えられ、まったく視界が利かない。曲がりくねった道を喘ぎ喘ぎ登って行くと突然軍用ジープが飛び出してきた。こちらを避けようともせず突っ込んでくる。あわや衝突というところでマックスが急ハンドルを切って避けたものの、マックスの怒りが爆発した。おとなしい男だと思っていたのに急になにやら現地語でまくしたてて始めた。当然言っている内容はわからないが、インドネシア軍の横暴に頭にきているのだろう。

一時間半も走った挙句たどり着いたのはレテフォホという小さな汚い村だった。相当登ってきたのだろう、空気が冷たい。頂きに建てられた三基の巨大な十字架を中心に山の斜面にへばりついた十数軒の家が見えるだけで何の変哲もない山村だ。しかしマックスの言ったように景色は素晴らしかった。山の頂にあるため三六〇度の眺望が楽しめる。広場にたむろしている村人達を背景にこの景色をビデオに撮ろうとカメラを手に車を降りた。にこりともしない村人達の好奇とためらいの視線を感じつつも、観光客らしくマックスに向かって「素晴らしい」などと大声をあげながらビデオを回していった。するとどこからか銃を肩にした警官らしき男が二人現れ、撮影を止めろ、と言っている、らしい。強圧的な態度に頭にきた。マックスに「なぜだ」と訊いても彼はおどおどするばかりで何も言わない。それどころか早く車に乗れと手招いている。景色を撮ってなぜ悪い、いやな国だね、とマックスに毒吐きつつ車に乗る。たった五分のレテフォホ村訪問だった。何も知らずに連れて行かれたこの山の寒村は後で重要な意味を持ってくることになるなど、その時はまったく知る由もなかった。

まだ時間があるので帰りにエルメーラの町に入ることにした。ここはかの有名なチモールコーヒーの集積地であり、パンフレットに書いてあるリスボンのような町並みを見たかったからだ。しかし行ってみればそれは市場とその向かいの町役場、その隣の銀行の建物のことを指しているらしく、その他は木造の物売りの店が並んでいるだけだった。とても「リスボンの町並み」とは言い難い。しかし折角来たのだからと気を取り直して撮影のために車を止めた。するとすぐに目付きの悪い男が現れ、車の窓越しにマックスに何やら話しかけてきた。彼がインテルかポリスであることはすぐにわかったが、相手が私

上空から見たレテフォホ村〔遠くの頂に三基の巨大な十字架が見える〕(二〇〇二年撮影)

服なので「おまえは誰だ」と詰め寄ってみた。彼の悪い人相がますます悪くなり、マックスはまたおろおろし出した。男が車を降りて付いて来いと言っている。付いて行った先はやはり軍の詰め所だった。英語の出来る若い将校が出てきた。

「旅の目的は何か、どこに泊まっているのか、仕事は?」と矢継ぎ早に訊いてくる。

「許可書は持っているか」

「なぜそんなものが必要なのか。そんな話は聞いていない。ここはインドネシアだろう。日本人にはインドネシアのビザも許可書も必要ないはずだ」


デンパサールの空港と同じ問答が繰り返された。そして前回と同じように軍配はこちらに上がる。すると今度は部屋の片隅で小さくなっていたマックスに尋問の矢が飛んだ。連れている日本人が本当に観光客かどうか訊いているらしい。例によって肩をすぼめながらぼそぼそと答えている。まったくこういう時のマックスは卑屈なくらいおどおどしていて見ていられない。ともかく差し出された書類に名前と住所を書き込みサインをして放免された。しかしやはりと言うかやっとと言うか軍に引っかかった。こんな山の中まで外国人は来ないのだろう。しかしパンフレットにはここが立派な観光地として出ているのだ。もっと堂々としろとマックスに言いたかったが拙いポルトガル語では無理だった。それに現地の事情をまったく知らない外国人の発想にしかすぎないことはわかってはいるつもりだが。

一〇月七日

この島の中に点在する旧日本軍の痕跡を訪ねるためディリを早朝出発した。このチモール島は第二次大戦時にはオーストラリアへの前哨基地とするため二万人の日本軍将兵が三年半もの間駐留していた。そのため日本軍が構築した多くの防空壕やトーチカが残されているという。それにこの間ここでは大きな戦闘もなかったため、多くの日本人を父親に持つ人々も暮らしているらしい。そういう日系人を探し出すことも今回の取材目的の一つでもあった。山中でのゲリラ取材の成否は五分五分だった。もし失敗しても手ぶらで帰ってこないために、旧日本軍関係の取材も進めておかなければならなかった。また日本人の子供を探し出す、という名目があればインドネシア軍の目をごまかすこともできる、という計算もあった。そのためにこの日はまず市内の山側にあるという旧日本軍の防空壕に行ってみた。これは小さな防空壕で内部は真っ白に塗られ、戦後礼拝堂に使われていたようだ。日本軍を示す痕跡は何もなかった。次に、島の北部ラウテンにあるという、地元の人の話では相当奥が深いらしい防空壕に行くことにする。車で五時間はかかるというので帰りが遅くなるだろう。出発する前にホテルのフロントに明日のディリ―クパンの飛行機の予約を頼むことにする。約束の一〇月九日は明後日に迫っていた。

途中のマナトゥトから念のためと思ってメルパチ航空に予約の確認のため電話を入れてみた。しかし返ってきたのは、明日はクパン行きの飛行機はない、という答えだった。あわててもう一つのセンパチ航空に電話してみる。そこも明日の便はないと言う。フロントがいい加減なことを言いやがって、と呪ってはみたものの、どうすることも出来ない。絶対に明日クパンに着いていなければ何のためにここまで来たのかわからない。今日の正午の便が本日の最終便だというのでまずそれを予約。あと二時間少々。急げば何とか間に合いそうだ。

「マックス、飛ばしてくれ。一二時までに空港に行ってくれ」

有名な「チモールコーヒー」の集積地エルメーラの街

「OK、大丈夫。海に落ちるかも知れない。そうしたら天国に行けるんだ」
多分こう言ったのだと思うが、この男にこんな根性があったのかと思えるようなスピードで車を発進させた。

4 「シンボロン」と「ゼカ」

一九九四年一〇月九日

午前八時、ケリムツホテルを出る。クパンの大聖堂はホテルの目と鼻の先にあった。まだ約束の時間に一時間もある。その間インドネシアのキリスト教の雰囲気に浸るのも悪くない。日曜とあって聖堂内はミサに参列する何百もの人々で埋まり、空いている席はない。外の中庭も入りきれない人々のために長椅子が並べられてはいるがここも満席で座るところはない。席を求めてうろうろしていると人々は同情の眼差しを向けてくれる。と言っても席を譲られたら困るなと思いさっさと周りの人混みの中に姿を隠した。もしここにシンポロンが来ていたらこちらの姿を見せておくのもいいだろうと思っただけだ。おもむろに木陰を選んで地面に座り込む。聖堂内から聖歌が聞こえてくると人々は立ち上がり、聖堂内へ向かって列を作り始めた。聖餐式が始まったらしい。信者ではない自分はじっと腰を下ろしたまま聖歌に聞き入っていた。

小さい時から生活の中には常にキリスト教があった。家の中では母と兄が（特に母は教会オルガニストだった）、祖父そして二人の祖母が信者であったこともあるだろうが、大学時代以来聖書とは関係なく教会音楽が心に入ってきた。バリ封鎖した大学内で歌ったミサ曲、タイ東北地方の木造カテドラル、タイ—ビルマ国境でのカレン族の小さな教会、マニラのスモーキーマウンテン近くの大聖堂、北朝鮮からの亡命者とインタビューした韓国の教会、そしてサラエボの聖堂。人々の歌う歌声にいつも魅せられていた。ただ聖歌や讃美歌の美しい調べの隣には必ず悲惨な現実があった。教会堂の外が悲惨であればあるほど人々の歌う賛美歌や聖歌は美しく心に響いた。これは単なる感傷だけではない。東チモールは国境を挟んですぐ隣であり、その実情はこの地のキリスト教徒達にも十分に伝わっているはずだ。

八時半、ミサが終わる。教会の門の陰でじっと九時を待つ。九時、次のミサが始まるのか人々が再び集まり始める。九時一五分、未だ近寄ってくる人物はない。九時三〇分、次のミサが始まった。九時四〇分、誰も来ない。これはおかしい。何かがあったに違いない。教会の門を出て近くの電話局に行き、すでに暗記してしまったダーウィンの電話番号をプッシュした。すぐに聞き覚えのある声が応答した。「昨夜ディリに電話したらすでに君を迎えるためにクパンに向かったと言っていた。今の所何の知らせも受けていないのでうまく行っていると思っていたのだが。ただ、エイペック（APEC、アジア太平洋経済協力会議）があるのでその警戒が厳しく国境で何かあったのかも知れない。すぐに調べるから午後に電話してくれ」

一旦ホテルに戻り昼食をとってから再び教会の門に向かった。もしかすると昨晩のバスに乗れなくて今朝のバスに乗ったかも知れない。そうならば昼にはクパンに着いているはずだった。ホテルの前の坂を下り、教会の門を見渡せる広場に降りる。

目を凝らせてみれば何と門の前に赤いシャツを着た若者が立っているではないか。ズボンはジーンズだ。少し立ち止まって様子を見る。向こうがこちらの姿に気づきこちらに向かって歩き始めた。間違いない、彼だ。彼は教会の前のロータリーをゆっくりと横切りこちらに向かってくる。こちらもすっと近寄り彼の肩越しに声をかけた。

「君の名前は？」

「シンボロン。で、あなたの名前は？」

「ゼカ」

ダーウィンから教えられた通りの暗号名で答えた。彼の顔に一瞬微笑みが走った。緊張の一瞬がどっと安堵の一瞬に変わった。

彼は人目に付かないようにゆっくりと歩きながら話し始めた。

「ここを三時のバスで出発する。六時間でディリに着く。そこで時期を待つ」

「なぜディリに行くのか。これからすぐに山の中に行くと聞いている」

「今山の中は非常に危険だ。コニス司令官は周りを包囲されていて近づけない」

「それは困る。コニス司令官に会いに来たんだ。どんなに危険でも行く。コニス司令官は今どこにいるんだ？」

「今はエルメーラにいる」

「エルメーラだって？　そこには四日前に行った。それと山の上の村、なんて名前だっけ、えーと、レテフォホという村だった」

「おー、レテフォホにコニスはいるんだ」

四日前、あの大きな十字架のある山村の近くのどこかに目的とする人物は潜んでいたのだ。道理で警官達が警戒していたはずだ。のこのこと警戒中の真っ只中にカメラをぶら下げた日本人がやってくれば掴まえて尋問するのは当たり前だ。

「絶対にコニス司令官に会いに行く。何としてでも連れていってくれ」と強引に頼み込む。シンポロンは一生懸命説明するがなにせ僕の俄かポルトガル語では理解できない。そこで電話局に行き、ダーウィンに電話をする。通訳してもらうつもりだったが相手は不在。仕方なく五時にこの電話局での再開を約して別れた。


再び五時に電話局で落ち合い、ダーウィンに電話を入れる。電話口に出たのはフェレイラ氏の聞き知った懐かしい声。掻い摘んで通訳してくれる。何度も受話器が僕とシンボロンの間を行き来し、結局今回は中止となった。一一月一五日からインドネシアのボゴールでAPECが開かれるために東チモール全土は厳重警戒中で、ゲリラ達も山奥深くに入りとても外国人記者を案内できる状況ではないということらしい。APECが終われば必ずアレンジするから、という約束を信じて引き下がった。今からもう一度ディリに行っても何もすることはない。今回もやはりダメか、という脱力感に襲われながら彼にこれから直接日本に帰ることを告げる。別れる前に訊いてみた。

「ところで、君のシンボロンという名前はどういう意味か?」

彼はそれこそ大笑いして答えた。

「それは東チモール駐留インドネシア軍報道官の名前だよ」

ラジオやテレビでしょっちゅう見聞きしている人物なのだろう。あまりに面白そうに話すのでゼカの意味を訊き忘れた。

その足で航空会社のオフィスに向かった。

一〇月一〇日

デンバサールに向かう飛行機の中でふと考えた。なぜ我々はレテフォホに行ったのだろう、と。確かにエルメーラに行きたいとは言った。パンフレットに出ていたエルメーラのリスボン風の町並みが見たかったからだ。しかしエルメーラからだいぶ距離のある、それに何の変哲もない山村レテフォホに連れていったのは運転手のマックスだ。彼は僕がメディアの人間であることはサンタ・クルスの一件でわかっていたはずだ。ならばなぜあんな山奥に僕を連れていったのか。考えられることは一つ、それはあの地域がゲリラ活動の中心地であることを知っていたからだ。そこへ外国メディアを連れて行って前線の雰囲気を見せたかった。つまりマックスも抵抗運動の支援者の一人である、と言うことになる。あんなにおどおどしながら、時には卑屈なぐらいに意気地のない男が、敢えて外国人のために危険を冒したのだろうか。もしそうだとしたら、この地の抵抗運動のしたたかさをマックスの姿に見たように思う。

初回は見事に失敗した。多分運がなかったのだろう。運にすがるわけではないが、この仕事は運まかせの部分があるのは仕方がない。しかしそれを信じる気にもなれなかった。同時に、信じないでまた同じことをすれば失敗することも経験でわかっていた。どうしたものか、東京で次の一手を打てずに呻吟していた。

一一月一七日

東京のテレビではAPECの期間中にチモールの学生達がジャカルタのアメリカ大使館の塀をよじ登り、亡命を求めたことを伝えていた。またダーウィンからのFAXではディリで取材中のCNNのカメラクルーがインドネシア軍に殴られ、その一部始終がアメリカで放映され大問題になった、と言ってきた。そして今チモールは厳重な警備がしかれ君がここで取材することは大変危険でもあり得策ではない、とも言ってきた。ご丁寧にも「マックス・ストールは実に辛抱強く機会を待ったのだ。それに状況判断も良かった。君も待て」とも。

これははやる僕を諫めるためのダーウィンの思いやりだったのだろうが、これが逆に作用した。「東チモールで何かが起ころうとしている、緊張が高まっていることは確かだ、早く行かねば。時期を逸するな」と心が叫びだしていた。

5　ジョクジャの夢

SQ九九七便でシンガポール着。すぐに旧知のアンディ宅に向かう。彼は二年前まで東京に住んでいたアメリカ人の自称ジャーナリスト。確かにアメリカの地方紙やヘラトリ（ヘラルド・トリビューン紙）に寄稿していたからジャーナリストには違いないが、それにしては少々気が弱すぎるし、ピントがずれている、と東京にいる時から思っていた。それが女房がシンガポールのストレーツタイムスに職を得たからと言って夫婦でさっさとシンガポールに移住してしまった。まあ髪結いの亭主もあいつには似合っているか、と思って今回訪ねてみたのだが、案の定すでに女房には逃げられていた。おまけに自分のアパートに節約のため引き込んだオーストラリア男と日本女のカップルに完全に牛耳られ、誰が大家だかわからない惨めな生活を送っていた。今では記事を書くことより画商に熱中しているらしく、部屋には大小様々のキャンバスが立てかけられていた。すべてビルマの絵描きによるものだそうだが、どう見てもただの素人の絵にしか見えない。これを今度は東京のデパートで大々的に展覧会をしたいから誰か知り合いがいないか、と訊いてきた。こんな暗くて寂しく稚拙な絵が日本で売れるわけがないが、一応探してみようと、と答えておいた。しかし「今に女房は戻ってくる」「このビルマの絵で絶対大きな商売をしてみせる」と言い張るアンディには返事のしようがない。何をやってもダメな男、とまでは言わないが、四五、六になっても自分が見えない人間はいるものだと思う。そう言う自分も端から見ればアンディと同じような人種になるのかも知れないが、少なくとも自分の仕事で大儲けできるなどとは思っていないし、女に逃げられてもその内戻ってくるだろうなんて思うほどお人好しじゃない。

暑さの上に蚊に悩まされながらこんなことをつらつら考えていたらとうとう夜が明けてしまった。

翌日九時一〇分発のSQでデンバサールに向かう。もう何度目かのデンバサール行きなので浮いた気分はまったくない。それにこんなリゾート地に男一人で一晩といえども滞在するなんて楽しくない話だ。ダーウィン行きまでの二日間は噴火中のメラピ山の取材をすることにしていたので、空港内のガルーダ航空に行き明日のジョクジャカルタ行き往復切符を購入。

一九九四年一一月二六日

ジョクジャに着くとすぐにタクシーを雇い、メラピ山噴火の犠牲になったツルゴ村に向かったが途中で軍の検問に引っかかった。これ以上先は危険で絶対に通せないという。仕方なく周辺の村々で、終日撮影を続ける。火砕流で焼け焦げた家々、丸焼きになった家畜たち、そして避難キャンプでの村人たち。撮影したフィルムは空港のエアカーゴ事務所に持ち込み、「ニュースマテリアル」として未現像のままパリの本社に発送した。そしてまたジョクジャに戻り安宿に入った。

五階建ての古ぼけたアパートが建っている。工事中らしく窓枠は取り外され建物の周りに足場が組まれている。場所はロンドンでもありパリの一角でもあるようだ。いやタイの国境の町アランヤプラテートかもしれない。じっと見上げているうちになぜか懐かしさがこみあげてきた。工事現場の中に入る。コンクリートむき出しの床、散乱する木材、古びた木造の階段、だんだん思い出してきた。確か三階はMさんの自宅だった。五階には後に「原子心母」（アトム・ハート・マザー）で世に出たピンク・フロイドのグループが住んでいた。ここはかつてMさん、キム・グーイ達と共に住んだヒッピー文化の研修所だった所だ。今日はその懐かしい建物が取り壊されるということでかつてここの住人であった四、五〇人が集まり同窓会を開こうというわけだ。当然キムもMさんも出席している。今ではバンコクの英字紙や「タイム」誌でジャーナリストとして活躍しているキムも当時の姿のまま、無精ひげにゴムサンダルをつっかけている。

同窓会記念に自動車レースが行われた。僕はシトロエン2CV。キムもやはり2CVでエントリー。

早い車はさっさと走り去り、当然のことのように僕とキムが最後を行く。延々と続く麦畑、フランスの田舎を走っているのだろうか。否、道は真っ赤なラテライトだからタイ―カンボジア国境なのかもしれない。坂の上り下りでキムとは抜きつ抜かれつを繰り返す。僕を追い抜いて行くキムの哲学者のような横顔が目に入る。しかしまたその横顔を尻目に柔らかいアクセルを目一杯に踏み込む自分。そして最後は大差をつけて僕がゴール。キムがゴールに走り込んでくる前に、到着組は全員建物の中に身を隠す。ゴールしたキムはそこに誰もいないのを不安がるように心配そうに車を降り、建物の中に入って行く。そこでわっと飛び出した全員がキムを小突いての手荒なブービー歓迎。

場面変わって、この同窓会の会場。キムの論文が優秀賞を獲得し、その講演が始まろうとしている。壇上のキムは少し顔が変わっていた。どちらかというとセニーに似ている。セニーはバンコク在住のタイ人ジャーナリスト、というかフリーターに近いが、一九八六年に酒に酔ってサラシン通りのアパートの階段から落ちて死んでしまっていた。ただセニーはその頃までもタイ共産党と通じていたということで軍部に消されたといううわさも流れていた。キムもセニーも僕にとってはバンコクの良き友人達だった。そんな思い出がキムとセニーをオーバーラップさせたのかもしれない。

キムの講演内容は「日本文化における孔子の礼節観について」というもの。講演後Mさんが言う。「キムが日本について相当入れ込んでいるのはわかるんだけど、日本語自体に素養がないからすべてが異国趣味なんだよな」。これには同感。中国系マレーシア人で使用言語は英語、住むのはタイ、とあれば自分のルーツである中国を現在の中国に求めるわけにもゆかず、最も文化的に近い日本に心を寄せる気持ちはよくわかる。一時日本でも流行った「デラシネ」（根無し草）男なのだ。しかしこの男の場合、デラシネというよりコスモポリタンといった方が近いかもしれない。彼にとって重要なのは文化であって国籍ではないのだから。

場面一転、さよならパーティーの会場となる。ここにこんなにたくさんの女性がいたのかとびっくりさせられるほどたくさんの女性が目の前に現れる。「一緒に写真を撮ってください」と言われたり、「もうあなたに会えなくなるのは悲しいわ」などと言われすっかり気分がよくなるのだが、一人として見覚えのある女性はいない。ある女性は「もう私の店にバゲット（パン）を買いに来ないのか、それなら私が届けてあげるから住所を教えて」とまで言う。パリに住んだ時の近くのパン屋の娘なのか。見覚えはないがなぜか昔から知っているような女たちなのだ。そのうち、ここでの最後の所長を勤めた（らしき）男が遠くで何か言っている。多分閉会の挨拶なのか。大きな声だが何を言っているのかよくわからない。スピーカーから流れ出るその声がどんどん大きくなる……。

ここで目が覚めた。薄暗い視覚の中に真っ白な天井、壁が目に入ってくる。そして部屋中に響く大きな声。時計をみれば朝の四時。どうもホテルの隣はモスクらしい。その屋根に取り付けられたスピーカーから朝の祈りを呼びかけるアザーンの声が町中に響けとばかりに流されている。ふっと既視感にとらわれた。白い天井に白い壁、うっすらと漂う安宿の饐えた匂い、熱帯の予感、そして響き渡るアザーンの声。どこかで同じ感覚を味わったことがある、どこだろう。既視感ではない。一〇年前、皆既日食の取材でやはりこのジョクジャにいた。その時も今回と同じような安宿に泊まり。その隣はモスクだった。そして明け方、頭上のスピーカーから響くアザーンの声で安眠を破られたのだった。

こうしてロンドン、パリ、バンコク、アランヤプラテート、そしてここジョクジャと一晩で地球を半周してしまった。各場面は現実のようでもあり事実でもない。夢と現実がごちゃ混ぜになっている。なぜ今こんな夢を見たのだろうか。現地では現実、日本や先進国では非現実の世界を渡り歩いているうちに自分の頭まで夢か現実か判別できなくなってしまったのかもしれない。もっと言えばフォトジャーナリストと称して非現実に見える他人の不幸をニュースと言う形にして商売にしてきただけではないか。そろそろ目を覚まして地に足をつけた人生を送れと言う警告か。夢から覚めても依然として夢と現実の間をさ迷っている自分の頭がおかしい。アザーンは言う、「偉大なるアッラーに祈りを奉げよ。祈りは眠りに優る」と。

6　再出発

一九九四年一一月二九日

早朝ダーウィン着。暑い。東チモールより赤道から離れているはずなのに異常に暑いし、蒸す。すぐに指定されていたアスチ・ホテルに入りフェレイラ氏に電話を入れる。現在フェレイラ氏は外国出張中で奥さんが応対、すべて彼女、およびジョゼ・グスマン氏の指示に従うことになった。ここダーウィンは東チモールに最も近い安全な国ということでフレテリンの連絡事務所が置かれている。ここに逃げ込んできた難民たちも今では三〇〇〇人近くいるらしい。インドネシア側もそこは良くわかっていてここの領事館には副領事が三人もいる上、町中見張りが目を光らせているという。お陰で東チモール人にとってはなはだ居心地が悪い所になってしまった。実際ジョゼと話すのも公園の奥深いところだったり、一緒に肩を並べて歩かなかったりで気を使っている。

ジョゼとの話し合いで、東チモール潜入スケジュールが次のように決まった。

第一案

一二月五日までに東チモールの南部スアイに陸路で向かい、その地の教会のイラリオ・マデイラ神父に会う。すぐにドミンゴス・ソアレス神父が迎えに来るだろうから後はソアレス神父の指示に従い山の中に入る。ソアレス神父は今レテフォホの司祭で、五日前後にはスアイに行くことになっている、という。またもやレテフォホの名前が出てきた。

第二案

一二月九日午前九時にディリの司教区宿泊所（現地では、カマラ・エレシアスティカ・ビルと呼んでいる）にソアレス神父を訪ねる。ただし彼は非常に忙しい男で予定が変わるかもしれないので前日までに司教区館に行ってこちらの連絡先を書いたメモを彼のメールボックスに入れておくこと。彼の予定が変わった場合は彼の方から連絡できるようにするためである。

この二つの選択肢のいずれかを選べば、その結果をソアレス神父に一二月二日までに知らせるという。

後はソアレス神父が段取りを調整し、何人かの案内人をつけて山の中に送り出してくれるという。こちらとしてはまずクパンに行ってそこの旧日本軍関係の場所を巡りたいと思っていたので時間のゆとりがある第二案を選んだ。それに西チモールと東チモールの国境（現実には県境か？）を単身でバスで越えるのも怖かったからだ。国境で質問攻めに合うのは明白だった。それにしても現地の世話役は皆カトリックの神父達だ。一体彼ら神父達がどれくらい独立運動に関わっているのかわからないが、少なくともゲリラたちと深いコンタクトを持っていることは確かなようだ。彼らが果たして「解放の神学」のもとに行動しているのかどうか、これも興味ある点だ。

「解放の神学」とは一九六〇年代に中南米で始まったカトリック神父たちの考え方である。簡単に言えば「人はパンのみに生きるにあらず」という旧来の教えに対し「人はパンがなければ生きられない」という社会構造に対しても行動しなければキリストの教えは伝わらない、という考え方だ。東南アジアでは特にフィリピンの教会にこの考え方を持つ神父が多く、かつてM16ライフル銃を持って反政府ゲリラの新人民軍と共に戦った神父に対して論議が持ち上がったことがある。住民の九割以上がカトリック信者である東チモールでも、圧迫されている住民の側に立って行動する神父たちの話は聞いていた。現にここの司教であるシメネス・ベロ神父はその代表格だった（前述したようにベロ司教はその後一九九六年、ラモス・オルタ氏と共にノーベル平和賞を受賞している）。しかし、こんなにも早く神父の名前が現れるとは想像していなかった。

一二月二日

帰国したフェレイラ氏と最後の打ち合わせを行う。マラリア予防薬などの薬品の用意、またゲリラのコニス・サンタナ司令官宛の伝言と荷物の受領、その他各地での支援者への緊急時の連絡先、そして一番重要な、取材後にいかにフィルム類を持ち出すか、といった細かな打ち合わせが続く。本当はこれらを頭の中に記憶しておくのがいいのだが、記憶力がちょっと当てにならないのでノートに日本語だけで記す。それも書いた本人でもすぐには理解できないような「みみずの這った文字」でだ。フェレイラ氏の話では、近頃外国人に対する規制が厳しく、昨日も二人のオランダ人とオーストラリア人ジャーナリスがマナトゥトゥ付近で無許可の取材活動を行ったとして逮捕、国外退去になったという。自分自身は捕まってもいいが、もし事件が起こった時にどうやってそれを撮るか、そしていかにそのフィルムを島外に持ち出すか、その算段が難しい。

一二月五日

クパンに一日滞在した後、再びディリの空港に降り立った。空港ロビーに入り緊張が高まる。前回は何事もなかったがいつもそうとは限らない。どうせ制服以外に私服のインテルがたくさん見張っているはずだ。荷物が出てくるまでの間、壁を背にして緊張をほぐすために一服する。出てきた荷物を持って何食わぬ顔をして館外へ。どっとふりかかる太陽の光線を浴び、いっぺんで緊張がほぐれる。やれやれ、と思ったとたんに後ろから肩を叩かれた。ギクっとする。やっぱり来たか、とゆっくり後ろを振り向くと、そこには猿のような顔をしてにこにこ笑っているマックスの顔があった。前回来た時のタクシー運転手だ。やあ、やあ、元気かい？　という会話も緊張の後だけに声が上ずってしまう。他の客のために迎えに来ているということなので、同乗を断って他のタクシーで市内のレゼンダ・ホテルへ。いつものレセプションの男はニコリともしない。どうせこちらの素性など前回来た時でわかっているのだろうから、彼らにしては招かざる客なのだろう。それでも部屋に入ると、またいつものおじさんボーイが水を持ってきてしきりに歓迎の辞を述べる。ここで歓迎してくれるのは運転手のマックスと、このおじさんだけなのかと僻みの一つも言いたくなる。そんな侘びしく感情のない町なのだ、ここは。

7　レストラン・マッサウ

夕方、いよいよ第一のミッション開始。それはレストラン・マッサウの女将、オランジーナに会い、彼女にオートバイと通訳を探してもらうことだった。明後日の一二月七日はインドネシア軍の侵攻が始まった日、東チモールでは記憶すべき日なのだ。何かが起こった時の迅速な取材にはオートバイは欠かせないし、また自分が追われる立場になった時、それで西チモールまで走って脱出するための足となる。レストラン・マッサウは病院の前の道をまっすぐ東に行った町外れだ、とダーウィンに聞いていた。地図には単に「公立病院（パブリック・ホスピタル）」としか出ていないので道行く人に「病院」とだけ聞いてもわからない。こちらは病院の正式な名前を知らない。そこで病院の前の通りの名前であるビダウを付けて「ビダウ病院」と言ってみたら通じた。しかし、それならタクシーで行け、という。そんなに遠いのかと思ったが、こちらはこの町の距離感がない。タクシーも見つからないので自分の方向感覚だけを信じて歩き始めた。辺りはとっぷりと暮れ、周りに民家もなくなってきた。こんなところで警官にでも出会ったら面倒なことになる。暗闇を歩き続けること約三〇分。前方に電灯のともる一軒家が出てきた。近づいてみると腰の高さまでの囲いがあるだけの草葺き屋根の掘っ建て小屋だ。簡単なパイプ椅子とテーブルが並んでいるからレストランのようだ。恐る恐る中に入ると先客が二名。こちらは反対側の隅に腰を下ろす。すぐに給仕の女の子が注文を取りに来た。こちらが現地語を話さないとわかるとすぐに英語になった。ビールと一品を頼んで様子を見てみる。料理を運んできた少女に話しかけてみた。

「ここはマッサウという名前のレストラン？」

「そうだけど……」

「ここの主人は誰？」

「オランジーナ、私の叔母よ」

「彼女と話がしたいんだけど呼んでくれる？」

しばし待たされて出てきたのは、年の頃四〇歳くらいの少々太めの女性。

「ゼカです」

「……ああ、一〇月に電話してきた人ね。いつディリに着いたの？　それで、どうすればいいの？」

「シンボロンを呼んでください。それに明後日の取材のためにバイクを二台、ヘルメットも。シンボロンと二人分です」

「わかったわ、すぐにシンボロンに連絡する。それにバイクも用意しておくわ」

その時二人の客が入ってきて、さっきまでいた二人の客のテーブルに着いた。すぐにこちらに気づきじっと窺っている。目付きが鋭い。すぐにオランジーナは台所に戻り、代わりにさっきの女の子が勘定書きを持ってきた。そしてその勘定書きの上を片方の手の指で無言で指し示す。そこには走り書きで、

「注意、彼らはインテル」と英語で書かれていた。

すぐに支払いを済ませて外に飛び出した。辺りは漆黒の闇夜。どこが道だかも判然としない。こんな闇夜は久しぶりだ、ルワンダ以来かな、などと思いながらとぼとぼと町と思われる方向に歩いて行った。やっと見覚えのある橋にたどり着いた。ここから町だ。後を付けられてはいないようだった。

一九九四年一二月七日

今日は一九七五年のインドネシア軍による侵攻の日だ。多分学生達が街中でデモをするだろう。朝早くから街中を散策する。すると港にはインドネシア軍兵士が多数上陸、街中では時折兵士を乗せたトラックが走り去る。やはり何か起こるのだろうか。早く取材の準備をせねばならない。タクシーで一昨日のマッサウ・レストランに行く。出てきたオランジーナが意外な返事をしてきた。シンボロンは仕事で今ディリにはいない、バイクは手に入らない、と何もかもこちらの要求は通らなかったのだ。なんてこった、しかしシンボロンはいなくても、バイクくらい何とかなるだろう、と執拗に頼み込んでも、「出来ない」の一点張りだ。とうとう最後は「そんなにバイクが欲しいならポリスに行けばいくらでもあるわよ」とまで言い放ったのだ。一昨日の態度と何という違いだろうか。何かが起こったことは間違いない。やはりインテル達から脅されたに違いない。確かにあんな町はずれの食堂に見慣れぬ外国人がいること自体ここではおかしな話だ。

仕方なくタクシーを雇い、また街中を一巡。モタエル教会、チモール大学、サンタ・クルス墓地と周ってみる。運転手の話では、今日は異常に兵士が多いが、学生達の動きはまったく見られないという。

多分学生達は封じ込められたのだ。この分では今日は何も起こらないだろう。取材の準備が出来ていないこちらは言ってみれば武器のない兵士だ。何か起こってもらっては困る。結局やることがなくなってしまったので、気になっていたサンタ・クルス虐殺の時に犠牲者を埋めたとされる町外れの山中に行ってみることにした。ディリからバウカウに向かう道で、大きく岬を回る場所がある。その途中から潅木の茂る山側に入ったところがその埋葬場所だという。行ってみればそこはでこぼこ道からすこし脇にそれた引き込み道路のようなところ。表面の土を足で削ってみると下にコンクリートが敷かれていることがわかる。なぜこんなところがコンクリート舗装になっているのか、と誰もが不思議に思う場所だ。このコンクリートの中に数百の遺体が埋め込まれているという。勿論ここだけが埋葬場所ではなく他にも何箇所かあるらしい。ともかく訊いてみればディリの周りには虐殺現場が何箇所もある。普通ならば人が死んだ（埋められている）場所は花でも手向けられているのが普通だが、ここではそれはできない。何もないところに話だけがある。記憶に残るうちはいいが、遺体は土に戻り、世代が変わると本当に何もなくなる。だから遺体をコンクリート詰めにしたインドネシアは大きなミスを犯したことになる。これでは遺体が永遠にコンクリートの中に保存され、話も永遠に残る。

8　ドミンゴス・ソアレス神父

一九九四年一二月九日

約束の日。朝九時きっかりに司教区館宿泊所に行く。木造二階建ての建物で、薄暗い廊下を挟んで左右にドアが並ぶ。日本で言えばどこかの学生寮のような雰囲気だ。ここが各地の神父たちのディリでの宿泊所になっているらしい。指定された二階のあるドアをノックするとすぐにドアが内側から開いた。白いYシャツ姿のまだ三〇代と思われる若者が出てきた。それがドミンゴス・ソアレス神父だった。

開口一番、

「なぜ一二月五日にスアイに来なかったのか」と半ば叱責に近い口調で言われた。

「いや、五日のスアイか一二日のディリか、どちらでもいいというので一二日のディリを希望したんだが」

「五日のほうが自分も都合がよかったし、山に入れる可能性も今より大きかった。今の状況は大変厳しい。コニス司令官に会える可能性はほとんどない」

「いや、それは困る。何としても彼に会わねばならないのだ」

と押し問答が続くがこちらは希望を言えるだけだ。すべては彼が決める。

「ともかく、私はもう二、三日ディリに滞在する。もう一度スアイのマディイラ神父と相談するのでもう少し待って欲しい。その代わり今夜ディリの活動家とこの部屋でインタビューできるように手配するから夜六時にここに来てくれ」と言ってくれた。

約束どおり午後六時に再びソアレス神父の部屋に行く。中にはすでに学生と思われる鬚面の若者が待っていた。名前はサバラエ、フレテリンのディリ地区青年部の地下活動の責任者だという。そこへ二人の男が遅れて到着。一人は僕のための通訳らしい。長い間会っていなかったらしく、お互いの無事を喜び合うように無言の抱擁が続いた。早速インタビューを始める。

常にデモの出発点となったディリ市内のモタエル教会

「今、東チモールには自由がないのです。自由に話せること、学校に行ける自由、外出する自由、家族に会える自由、仕事に就ける自由、何もないのです。人々は常に監視され、諜報員（インテル）が毎晩家の中まで見回り、若者達が集まっていないか、不穏な動きはないかと見張っています。少しでも怪しいと思えば通報し逮捕、拷問にかけるのです」

後から入ってきた若者を指して、この男の話を聞いてやってください、とサバラエは続ける。

「彼は去年の一一月一二日のデモで逮捕され、二週間も拘束されていたんです。その間、何度も電気ショックをかけられ、インドネシアへの併合を認めろと強要され続けたんです。ここではこんな生活がもう二〇年近くも続いています。すべての東チモール人は独立を望んでいます。どうかこのことを世界に知らせて下さい」

彼は三年間自分の家にも帰らず、毎晩居所を変えて当局の目から逃れているという。

「今日はインドネシア軍侵攻の日なのになぜ学生は何もしないのですか？」

「それは無理です。すでに多くの学生が逮捕されてしまっているし、市内は完全に軍に押さえ込まれています。今までにどれだけ多くの犠牲者を出したか。もう僕達にデモをするほどの力はないのです」

「では今は何をすべきなのですか？」

「今は状況の好転を待つだけです。弾圧が強すぎる」

「君たちは日常どんな活動をしているのですか？」

「それは街中の状況を調べること。今どれくらいの兵士がどこに投入されているのか、インテル（スパイ）は誰か、そしてインドネシアからの移住者の調査です。こうした調査をしてフレテリンの中央に報告します」

「インドネシア軍の弾圧はそんなに激しいのですか？」

「はい、今まで何人殺されたかわかりません。インドネシア軍に呼び出される、ということは死を意味します。仲間も何人も呼び出されて帰ってきませんでした。僕の友人のヘンドリック・ベルミル・ダコスタという男もつい先日（一二月四日）自宅で逮捕されたまま行方がわかりません。出来ればあなたに探してもらいたいのです。フレテリンという嫌疑をかけられれば裁判も無しに何年間も拘束されます。それにもっとひどいことは女達が軍隊に連れていかれて兵士達に集団で強姦されることです。それはインドネシア人の子孫を作るためなのです。こんなことが七五年以来ずっと続いているのです」

インタビューは三〇分ほどで終わった。ソアレス神父が「もう、そこまで」と制止したからだ。彼らは追われている。一箇所に、長くいることは危険なのだ。一人一人固い握手を交わし再び闇の中に消えていった。

9　イラリオ・マデイラ神父

一九九四年一二月一〇日

南部のスアイに向け出発。朝七時のスアイ行きバスはすでに満席で乗れず。そこで一旦西チモール側のアタンブアに出て、そこでスアイ行きのバスに乗り換えることにする。スアイに着いたのは午後五時を過ぎていた。

スアイは西チモールと接するコバリマ県の県庁所在地だが、我々の感覚から言えば「村」だ。その市場の近くにスアイ・カトリック教会がある。バスの運転手に教会と伝えてあったのでそこまで連れて行ってくれたのはいいが、正門ではなく裏口で下ろされたためどこが教会かわからない。一帯が小高い丘で、鬱蒼とした森になっていたからどうも上に教会があるらしいということはわかったが入り口がわからない。道路で村人を待つこと数分、通りがかった高校生らしき若者に訊いて初めてその裏口への路がわかった。小道を登りきったところで白壁の家が見えた。民家ではなさそうなので教会の一部なのだろう。木のドアを恐る恐る開けて、「ボア・タルデ！」と声をだしてみた。奥から出てきたのは浅黒い顔をした年のころ四〇歳前後、白いポロシャツを着た目の鋭い男。こちらを見るなりニコッと微笑み、右手を差し出した。この教会の主、イラリオ・マデイラ神父だった。

「あなたが日本の記者だね。昨夜ソアレス神父から連絡があった。さあ、中に入って」

と、通されたのは倉庫の中に机を置いたような薄暗い彼の書斎だった。

「さて、あなたをどこかに連れて行くようにとソアレス神父から頼まれているが、詳しく説明してください」、と神父。

「えっ、私はソアレス神父から、あなたにすべて話しておくからあなたの指示に従うようにとしか言われていないが」

「いや、私は具体的なことは何も訊いていない」

さて、困った。神父さんたちの連絡でもこういう不手際があるのか、それともここではこれが普通のことなのかとぼやいてみても仕方がない。ソアレス神父から簡単に聞いてきた行程を説明する。

「スアイから二〇キロメートルほどのところのケラク地区にジョアニックという男がいるのでまずそこに行く。このジョアニックという男はレテフォホからの難民で、ソアレス神父の友人だ。その村のもっと先のアタラという村にジョアニックの友人でオリベーラという小学校の先生が住んでいる。彼はフレテリンのメンバーだ。この先生の家でソアレス神父と落ち合い、山の中に入る。すべて暗くなってから行動すること」

じっと訊いていたマデイラ神父、「私はそんな話は聞いていないし私にはその地区のことはよくわからない。その辺に詳しい男がいるので呼んでみよう」と言って電話をかける。五分とせず現れたのはアンジェリーノと名乗る男。人のよさそうな、それに教養もありそうな大柄な男だ。マデイラ神父とは気を許しあった仲らしく、しばし二人であでもないこうでもないと話し合っていたが、アンジェリーノ氏が話し出す。

「確かにアタラ村にはオリベーラという教師がいる。それにソアレス神父とは知り合いだ。君の言っていることは正しい。しかし、この村はインドネシア軍とは四〇〇メートルしか離れていない最前線の村だ。こんなところに外国人の君を連れて行くのはあまりにも危険だ。ソアレス神父がそこにいつ着くのか、それにそこに行けるのかどうかさえも疑問だ」

すべてマデイラ神父が準備していてくれるものと思っていた自分が甘かったのか。これではそこまでの危険を背負って、誰もこのアタラ村に連れて行ってはくれまい。マデイラ神父とてこの地区に不案内

スアイの教会

イラリオ・マデイラ神父

なら頼るわけにも行かない。何とかガイドを見つけて自力で行くしかないだろう。夜陰に紛れてオートバイを飛ばせばなんとかなる。スアイは二、三日前から雨が降っているという。とうとう雨季に入ったらしい。

打ち合わせの後、マデイラ神父と共に街中の警察に出頭する。東チモールでは外国人はすべて滞在先の警察に出頭し滞在を報告しなければならない。これは外国人に限らず地元民でも自分の村・町以外の場所に滞在する時は同じ手続きが必要だという。一見したところ町中の交番という趣の警察で、表通りに面した軒下に数人の警官が暇そうに腰を下ろしていた。近づいてくる神父の姿を認めるとすっと立ち上がり、「今日はまた、神父様、どうなさったんですか。教会のお客さんですか。」とでも言っているのだろう。取ってつけたような笑みを浮かべ、やけに愛想がいい。やはりここでは神父はいろいろな意味で一目置かれている様子がわかる。この日本人は日本の教会関係者で戦争中の日本人孤児を探している、という名目ですんなりと登録終了。

教会に戻り神父と二人で用意された夕食を摂る。神父が言うには、ここにはもう一人修道士がいるが彼の前では今回の話はしないようにと釘を刺された。この修道士はセレベス島から来たインドネシア人で、当局のスパイだという。問題ある司祭の教会にはこうして必ずインドネシア人の修道士を配置するのが当局のやり方だという。神父も時々留守にするのでもし彼と一緒に食事をすることがあれば十分に注意して欲しいとも。フレテリンとかファリンティル（東チモール民族解放軍）、独立とか、ゲリラ、などという言葉は勿論禁句だ。その代わり、スポーツの話や、神の祝福とか、と言っていればいいわけだ。

食前の祈りだってできるし「主の祈り」だって言える（但し、日本語でだが）。俄か信者の出来上がりだ。食後、僕の部屋としてこの食堂の隣の大部屋をあてがわれた。ベッドはあるが風の通らないものすごく暑い部屋だ。

一二月一一日

朝、マデイラ神父がミサを行っている間にアンジェリーノ氏が会いに来た。早速神父の部屋に入り込み、昨日の話の続きが始まった。そこで本当の目的がコニス司令官に会うことだということを伝えたら、それならこの町に司令官と連絡を取れる人間がいると言い出した。すぐに呼び出してもらったところ、現れたのは少々目付きのよくない青年。そこら辺にいるチンピラといった風情だ。ゲリラ名はセス・ライ、本名はアルバロと名乗った。多分ゲリラ側の使い走りだろう。彼が言うには、コニス司令官は現在ディリ市外からカブラケ山中に移動中、摑まえるのは難しいが四、五日あれば連絡できるし、そうなれば自分が案内できる、できればアイナロから山中に入り、その辺りで待ち構えていれば会える可能性は大きいという。ここは先ほどのアタラ村よりずっと危険は少ないらしい。アンジェリーノ氏とも協議した結果、アタラ村は諦めてこのアルバロの言うとおりにアイナロの可能性を追求することになった。しかし問題はあった。それはアイナロの町に入れば必ず人目に付く。そこからどうやって三、四日も姿をくらますかだ。ともかくこの線に沿って行動を起こさねばならない。アルバロに活動費を渡し、準備するよう頼んだ。

アンジェリーノ氏がマデイラ神父について話してくれた。神父の出身地はエルメーラ。そう、レテフォホの帰りに立ち寄った、「リスボン」のような町だ。神学校時代からサッカーの名選手でスポーツマン。背は高くはないがスポーツマンらしい精悍さが身に溢れている。現在四〇歳。スアイの住民にとっては正にリーダーで、精神的、そして生活面でも非常に尊敬されているという。だからこそインドネシア当局も危険人物視しているが手が出せないでいる。彼の父親は一九八四年インドネシア軍によって殺された。弟もやはりインドネシア軍によって殺された。彼らはフレテリンだった。アンジェリーノ氏は昔は農業局に勤める役人だったが一九九三年に逮捕され一カ月間投獄されていたという。こうして東チモール人はすべてインドネシアから何らかの犠牲を強いられているわけだ。

10　日本人混血児の証言（1）

イナッシウ・デ・オリベラさん、五〇歳くらい。コバリマ県ダイス村の住人。農夫。

「あなたの父親は日本人と聞いていますが」

「はい、確かに私の父親は日本人です」

「お父さんの名前は？」

「モリさんといいます」

「下の名前はわかりますか？」

「わかりません。母親がただモリさんとしか呼んでいませんでしたから。母親の名前はソイ・ベレといいます」

「お父さんのことを憶えていますか？」

「いいえ、私が生まれる前に日本に帰りましたから私は知りません。私の生まれはラムッサ村です。一九四五年頃だと思います」

横で聞いていた老人（イナッシウさんの叔父、名前はマニエル・アマラウ、年齢はわからない）が彼に代わって答える。

「私はモリさんのことを憶えているよ」

「モリさんはどんな人でしたか？」

「彼は兵隊で、偉くはなかったな。若かったね。ラムッサ村の近くのラバライ村に駐屯していたんだ。そこに三年いたよ。それで日本に帰った。ここにいた兵隊は五〇人くらいいた。でも子供が出来たのはイナッシウの母親だけだった。彼は父親似だね」

アマラウさんが続ける。

「ここスアイでも憲兵隊が駐屯していてね、コバヤシ大尉には女の子がいたよ。ダイスフォロ村だ。でもポルトガルが戻ってきた時死んでしまった。イガラシ少尉には男の子がいた。ジュンマライ村だ。この子も小さい頃に死んでしまった。ボボナーロ周辺にはまだ多くの日本人の子どもたちが生存しているはずだよ。ボボナーロに憲兵隊本部があったからね」

後でこの話を訊いたアンジェリーノ氏が言う。

「日本人の子供は彼だけではないでしょう。多分沢山いたと思います。でも日本軍が負けて、オーストラリア軍が入ってきた時、多くの日本人の子供たちが殺されたと聞いています。私もボボナーロには日

MOR

イナッシウ・デ・オリベーラさん（左）と叔父のマニエル・アマラウさん

本人の子供が生き残っているという噂は訊いています。でも自分から日本人の子供だと名乗り出る人はいないでしょう。ここでは日本軍に良い感情を持っている人はいませんからね」

一九九四年一二月一二日

朝七時のバスでアタンブアに向かう。マデイラ神父に迷惑がかかるのを避けるためだ。それにアイナロに向かうにしても準備が整うまでは安全な西チモール側で待機している方が良いだろうという判断だ。アタンブアまではディリに注文してあるコンピューターを受け取りに行くというアンジェリーノ氏と一緒だ。電子メールをするのだという。今のところ東チモール国内でしか使えないはずだが、海外にも「何とかなる」と意味深なことを言う。国内の「フレテリン広報部」を目指しているのかもしれない。アタンブアでディリ行きのバスに乗り換えるアンジェリーノ氏と別れ、市内のホテルへ。一五日までにはアルバロが準備を終えアンジェリーノ氏とともにここに迎えに来てくれる筈だ。その間にここである日本人孤児と会う予定になっていた。

11　日本人混血児の証言（2）

ユリアナ・サマラさん、日本名はキムラ・ユミコさん。一九四六年四月一〇日生まれ。父親は静岡県出身のキムラ氏で母親はライニャ・ジン・サマラさん、一九二五年生まれの中国系インドネシア人だ。今一緒に住んでいる。夫はアタンブアで運送業を営み、子供は男の子が五人、女の子が一人いる。

ユリアナさんが言う。

「父のキムラは海軍民政部の軍人でした。父と母は一九四四年三月二〇日に結婚しました。ええ、正式な結婚です。当時母は一九歳、父は三五歳だったはずです。一九四五年一〇月四日、父はクパンから日本に帰りました。母は妊娠二カ月でした」

続けて母親のライニャさん、

「日本軍が来た時すべての中国人女性は一箇所に集められました。そうホテルみたいなところです。そこで一人一部屋が与えられて日本人の将兵に親切にするのです。でも私はそこには行きませんでした。私の家、サマラ家は中国系ですがここでは古い王家（ラジャ）なのです。私で五代目です。ですから私は自分の家にいたんです。そうしたらキムラの隊長さんが私の両親に会いに来て、キムラと結婚して欲しいと言われたんです。その頃私はデボレオ村に住んでいて、海軍民政部は山の中のマスマエ村にあったんです。でも一緒に生活できたのは半年間だけでした。キムラが日本に帰り、その翌年にこの子が生まれたのです」

「キムラさんが帰る時何か言い残していきましたか？」

「ええ、平和になったら必ず帰ってくるから、と言いました。そしてお腹の子が男の子ならマサル、女の子ならユミコと名付けるようにと言って、結婚指輪を残して富士山の見える町に帰っていったのです。その時お金と食料をたくさん残していってくれました。助かりましたよ。当時は何もなかったんですから」

「キムラさんが帰ってしまって生活はどうしたのですか？」

「それは大変でした。困難の連続で。金売りの手伝いをして手数料を貰ったり、料理人をしたり、畑の

軍服姿の父親の写真を見せながら語るユリアナ・サマラウさん

手伝いをしたり、それこそ何でもしました。お金もなく、家もなく、着る物さえ満足に買えませんでした。ともかくこの子を育てなければならなかったんですから」。ライニャさんの目に涙が溢れた。

「新たに結婚しようとしなかったのですか?」

「私には夫がいます。必ず帰ってくると信じていますから、今でも」

「しかし先ほどの話では、キムラさんは一九八二年に亡くなったと知らせてくれる人がいたんでしょ?」

「ええ、キムラの戦友の方がここに来てくれました。死ぬのは仕方のないことです。それは神様の思し召しですから。でも私は信じません」

「ユリアナさん、あなたはお父さんに会いたいでしょ?」

「そりゃ、もう、会ってみたいです。生まれ時から知らないで育ったのですから」

「日本に行ってみたいですか?」

「ええ、だから昨年一二月にスラバヤの日本領事館にビザの申請に行ってきました。結果はまだ来ていませんが。それに日本の国内でも社会党の方々が私のために協力して下さっている、と聞いています。私より私の息子に日本を見せてやりたいのです。出来れば仕事もあればいいんですが」

ユリアナさんの家にはキムラ氏が残したというアルバムがある。その中には駐留中のキムラ氏の姿がたくさん出てくる。整列した若い海軍士官たちの白い制服に軍刀を手にした姿は現地女性たちを魅了したことだろう。ライニャさんは一人一人の名前を言い出した。「これは隊長のタナカ、隣はハラダ、この人はワタナベ、ヤマシタ、ヨシダ、そしてこれは通訳のニキ。そしてこれがキムラ。皆奥さんがいたのよ」。ライニャさんにとってはつい先日の出来事なのだろう。

アタンブアから二三キロ南のハリルリック村にも二人の元日本人妻がいた。二人ともユリアナさんの母ライニャさんの友人だ。言ってみれば元日本人妻グループがここにはある。

リー・サン・ニョンさんもやはり中国系で現在八二歳。ここでは高齢だ。夫はウェカブ村に駐屯していた憲兵のナカムラ氏でその部隊の隊長はオオサキだったという。娘が一人、名前はリー・コーラン、一九四五年二月二三日生まれで現在三人の子供がいる。もう一人はリー・フィニックさん、七一歳。夫はやはり海軍民政部の軍人だったタナカ氏。そう、ライニャさんの話に出てきたこの地での民政部の隊長だったタナカ氏だ。フィニックさんとタナカ氏との間にはクミン（日本名タクミ）という男の子がいる。現在は五〇歳になり、ジャカルタ在住ということで家にはいなかった。タナカ氏はフィニックさんが妊娠七ヶ月の時日本に帰った。口数少ないサン・ニョンさんに代わりフィニックさんが言う。

「私達は皆本当に夫を愛して結婚し、そして今でも愛しています。夫達は子供達の顔を知りません。そして子供たちも父親の顔を知りません。いつか子供たちに父親の顔を見せたい、そう思ってずっと帰りを待っているのです。ですからこうして夫が使った箸と箸箱だけはずっととってあるのです。いつ帰ってきてもいいように」

結局彼女達の話の中から「慰安婦」という言葉を見つけることはできなかった。ダーウィンにいる難

（右から）リー・フィニックさん、リー・サン・ニョンさん、リー・コーランさん、ライニャ・ジン・サマラウさん

民達の話の中からも、日本での識者たちの話からも、日本軍による強制労働、女性たちを一箇所に集めての慰安所など、チモールの人々が今でも悪夢として語り伝えている事実は日本でもよく知られている。ではここにいる三人はどのように考えたらよいのだろうか。ただ言えることは、彼女達が実際どのような形で日本人将兵と接したのかはわからないが、彼女達の思い出の中に暗さはない。

東チモール側のボボナーロには昔日本軍が多く駐留していたから日本人との混血孤児がいるはずだという話を信じてボボナーロに行ってみることにした。途中のマリアナでバスを乗り換え、急峻な山道を登ること二時間、山間の小さな町ボボナーロに到着した。ここはアタンブアからみれば相当な高地になり、空気が冷たい。背後を険しい山々に囲まれ、雲が眼下に見える。すぐに紹介されていた教会に向かう。出てきたのはジーパン姿にTシャツという若者なので、てっきり村の青年かと思ったらそれが神父だった。

ここには二人のフィリピン人神父がおり、ルイス・カルバヤン神父は東チモールに来て四年、ボボナーロには二カ月前に着任したばかりだという。もう一人のリカルド・ソロモン神父はフィリピンから着任したばかりだった。二人とも非常に友好的かつ聡明そうな好青年達だ。自分がここに来た目的は日本人との混血児探しであることを告げた。早速アンジェリーノ氏に紹介されているこの町に住むアドリアーノ氏を呼んでもらう。ものの数分で姿を現したアドリアーノ氏は五七歳、彼の話は今まで聞いてきたチモールでの日本軍の話を実証するかのような内容だった。

「ここは憲兵隊の本部があったところで一〇〇人以上の日本兵がいたはずだ。一大隊だ。それに特務のオオトリ部隊。これは怖かったそうだ。ここに呼び出されるとすぐに殺されるということはすぐに殺されるということを意味していたんだ。憲兵隊では拷問されるだけで殺されはしなかった。それに慰安所もあった。今ではそこが『ヘルスケア・センター』さ（笑い）。一つの村から二人ずつ美人が集められてね、二週間交代だ。軍医がちゃんと性病をチェックしていたんだ。今でも生存している女性が二〇人はいるね」

憲兵隊の横暴、特務の恐怖、そして徴用された現地人の兵補の話、慰安所の女性たち、こんな話が今でも彼らの間ではついこの間の出来事のように伝わっていたのだ。知らぬは当の日本人ばかりだ。日本人混血児についても、次のように言う

「私が知っているのは二人、ここ（ボボナーロ）とマリアナだ。ここにいるのは女性で、町で小さな商店を開いているアントニー・ソアレスという男の女房だ。『キオスク・アントニー』と言えばすぐわかる。もう一人はマリアナの町長の女房だ。ただし、彼女が日本人の子供だということは秘密の話で町の人は知らない。ここでは日本人の子供ということは知られたくないことなんだよ。アントニーの女房は毎朝ミサに出席するから明日会えるだろう」

夜、満月に近い月が輝く。山々が月光に照らされ幻想的な景色を現出していた。ベランダで食事を摂りながらカルバヤン神父が言う。

ボボナーロの街

「ここは何もないところでね、ひどい所ですよ。水は出ない。雨が降れば部屋中水浸し。夜は虫だらけ。こういう所には現地人の神父は来たがらないんでね、そう僕達はミッションだから来るけど。苦しむ人たちがいればそこに行って癒してあげるのが僕達の務めなんです。どのような苦しみか、それは良くわかっていますよ。でも実際にどう行動するか、それにどう教会が係わるか、そのようなことに関して教会からの指示はありません。神父一人一人がどう考えるかの問題です」

「解放の神学」の話になるかと期待したがそうはならなかった。しかし口には出さなかったがただ福音を伝えるだけでなく、より社会的問題への関わりを深めていきたいと言う意思ははっきり見て取れた。傍らのソロモン神父も同様だ。東チモールでの本当の取材の目的は言わなかったが、彼等もこちらの真意を感じ取ったに違いない。食後、カルバヤン神父の事務室にマットレスを敷いてもらい就寝。

一九九四年一二月一五日

早朝のミサに出席したあと、教会堂の外で例の日本人混血児の女性が出てくるのを待った。村人達は僕を見つけると近づいては僕の手をとってキスをする。日本から来た神父だと思っているらしい。いや違うんだ、と言おうと思ったが、さてはカルバヤン神父がそのように村人達に告げたのではと思いあたった。なるほど、カルバヤン神父もバカではない。面映いが、堂々と村人達のキスを受け続けることにした。そんなところへアントニーの女房が出てきた。外見は勿論現地人だが、ほのかに日本人の顔付きが感じられる。前出のユリアナさんやリー・コーランさん、それにクミンさんは母親が中国人だからいかにも日本人との混血という強い印象はなかったが、前々出のイナッシウ氏やこのアントニーの女房は現地人との混血だから所々に日本人の特徴が目につく。端的に言えば目と口元だ。チモール人の目は丸く大きい。唇は総じて大きく厚い。これらの特徴は一般的な日本人とはまったく逆である。だからここに日本人の血が入れば現地人とは少し異なった顔付きになるのは当然だ。チモール人は民族的地域的にはメラネシア系で、マレー系のインドネシア人とは人種も言語・文化も大きく異なる。これが彼らがインドネシアに併合されることを拒否する大きな理由の一つだ。

12 日本人混血児の証言（3）

「名前は?」

「ジョアナ・ソアレス・ディキン」

「年齢は?」

「わかりません」

「お父さんが日本人だと聞きました。本当ですか?」

「はい、そう母親から聞きました。でも父の名前もどんな人だったかもわかりません。母が言いませんでしたから。母の妊娠二カ月目で父は日本に帰ったそうです。その後母は再婚しました。ですから母は昔の父のことは思い出したくなかったようです」

「そのお母さんはまだ生きているのですか?」

「母は一九七五年にインドネシアが攻めてきた時避難先の森の中で死にました。そこでは食料も薬もなく多くの人が死にました。私は結婚し、子供が出来なかったので養子をもらい、今五人います。夫は小さな店を持っています」

「自分の父親に会いたいと思いますか？」

「ええ勿論です。でも捜す方法がありません。何も知らないのですから。多分父はお金持ちでしょう。もし会えれば、今の生活を助けてもらえればうれしいです」

「そのためには父親が誰か証明する必要がありますね」

「ええ、でも自分は教育を受けて育ったわけではないし、父親が誰かを証明する手立てはまったくありません。ですから今更自分が日本人の子供だと言っても生活は変わらないでしょう」


確かに母親から自分の父親が日本人だと言われてもそれが何を意味するのかと考えれば、ここでは負の意味しかない。本当の父親に会ってみたいと思っても何も手掛かりがないのでは捜しようがないだろう。だがしかし、日本の法律では両親のいずれかが日本人ならばその子供は日本人として認められる、という血統主義をとっている。ブラジルが良い例だ。そこから考えれば、日本人の子供と言われる子供が他国で生きていることがわかったならば、少なくともそれが真実なのかどうかを調べ、その結果をその子供に知らせてやるのがその国の使命ではないだろうか。それが血統主義というものだ。親がその子供を認知するかしないか、その子供がどの国籍を選択するかはその後の話だ。戦争の傷跡をアジア各地に残してきた日本としては、償いの意味も込めてこうした混血児や慰安婦の調査、そして支援をすることによって日本とアジア諸国そしてチモールとの本当の和解が出来るのではないだろうか。相手から何も言って来ない、要求してこない、と言って放って置くのでは、いつまで経っても日本人はチモールの人々にとって凶暴で悪辣な人種であり続けるだけだ。

ジョアナ・ソアレス・ディキンさん

結局昼過ぎまで教会で過ごし、午後から修道女達を連れてマリアアナに向かうカルバヤン神父の車に便乗してアタンブアに戻ることにした。途中、山の下から喘ぎ喘ぎ登ってくる一台のブルーのタクシー、お互いに車を止めてみれば、何と降りてきたのはあのマックスだった。そう、一回目に来た時に世話になった運転手のマックスだ。あの猿のような顔を笑みでクシャクシャにして飛びついてきた。マックスはなぜ僕がこんな山の中にいるのか不思議がり、僕は彼がその後も無事に仕事をしていることを喜んだ。彼はジャカルタのアメリカ大使館の人間を乗せ、これからカルバヤン神父に会いに行くところだった。アメリカ大使館員がなぜこんな山中にいる神父に用事があるのか、それはこちらの与り知らぬこととして、カルバヤン神父はマリアアナからすぐに戻るから教会で待っていて欲しいと彼等に伝え、我々はまた急な斜面をゴトゴトと降りて行った。

夕方いつものアタンブアのインタンホテルにチェックインして間もなく、ユリアナさんから連絡が入り夕飯を食べに来いという。今夜は日本に連絡しなければならないのでお断りしたい旨伝える。しかし一時間ほどして部屋のドアがノックされたので出てみればユリアナさんの息子が立っている。どうしても家に来いという。こうなれば仕方がない。行けば自宅での夕食かと思いきや、近くのレストランに案内され、ユリアナさんのご主人を含めた家族全員が勢ぞろい、豪華な宴会が始まってしまった。僕に何かを期待されても何も出来ないと挨拶で言おうと思ったが、それは相手の思いを勘繰るような自分の受け止め方が卑しく思え、何も言わなかった。

そう、外国報道人はよくこうした歓待を受けることが多々ある。特にアジア諸国を回っていると、こうした歓待がアジア的ホスピタリティなのか、何かを期待してのことなのか判然としないことが多い。

アジアでの付き合い方を知っている人は、アジアの人たちは本当に心から隣人や旅人を歓待しているのだから、卑しい勘繰りは失礼だ、と言う。確かにその通り、遠慮は要らない。

ただ、しかしだ、これはどの世界でも言えることだが「食い逃げ」はいけない。必ず「返礼」が必要だ。後日こちらから招待するか、さもなくば相手が期待していることを斟酌してそれに応じる、ということになる。そうは言ってもいつもこのルールを守っているわけではないが。むしろ「食い逃げ」の方が多い。言い訳ではないが、スケジュールの決まっていない我々の行動は予測が付かないからだ。そこでいつも思うことはジャーナリストの使命は取材したことをきちんと報道すること、という基本に立ち返る。記事になったものは送るとか、せめて撮った写真は送るようにと心掛けているつもりだが……。

13 ヌヌラ司令官からの手紙

一九九四年一二月一六日

昼前にアルバロがホテルに現れた。ポルトガル語で喋り捲るので詳細は良くわからないが大意はこうだ。

この二日間大変苦労して走り回った。その結果コニス司令官との会見は現時点では無理とわかった。そのかわり、地区の司令官に会うことができる、という。その証拠にその司令官からの手紙を持参してきたという。大きな使用済の黄色の封筒（オーストラリア製でジャッキー・デイヴィドソン氏宛てと書かれている）に細かな字で端から端までびっしりと文字で埋め尽くされた大学ノート用紙が四枚、それに一枚の手紙が出てきた。すべてポルトガル語で書かれておりすぐに解読するのは不可能だ。解読するのも大変だがこれだけのものを書くのに一体何日かかったのだろうか。山の中にコピー機などないだろうから今回書かれたものなのかそれとも書き写したものなのか、または誰かに宛てたものをそのまま流用したのか。

ただ手紙の部分には英語の翻訳が付けられていた。内容は以下の通り。

オシハラ閣下殿

以下の品々を我々のために手に入れていただきたくお願いいたします。

1、最新式の広角・望遠レンズ付き、日付表示付きカメラ一台と三脚

2、ビデオカセット数量A

3、小型のテープレコーダー一台

4、現金（インドネシア・ルピア）

ありがとうございます

第二軍区司令官　ヌヌラ

東チモール　14／12／94　（印）

末尾には、交差した剣と星のマークの上から大きく「ＦＡＬＩＮＴＩＬ」と書かれた直径四センチほどの丸い印が仰々しく押されている。ファリンティルとはフレテリンの軍事組織、つまりゲリラ達だ。日付から見ればこれは一昨日書かれた手紙だ。事前に調べた限りでは地区司令官にこの名前はない（後

日この名前も出てきたのでウソではないと判明した。しかし第五軍区長となっていた）。
東チモールは五つの区に分かれていて、それぞれに軍事では軍区長（司令官）、政治的には政治委員が任命されている。第一軍区長がティトゥ、第二軍区長がダビッド・アレックス、第三軍区長兼参謀長がマタン・ルアク、第四軍区長兼ファリンティル最高司令官がコニス・サンタナ、第五軍区長がロダック、となっている。しかしこうした名前は通称だったりゲリラ名であったりで地方地方で呼び方が変わるようだし、戦死者も出るだろうからその都度変わってくる。
ノート用紙裏表八面にびっしりと細かい字で書かれた文字を見る限り、書き手は相当の教養の持ち主に違いない。だからこれはヌヌラ司令官が直接自分で書いたものと判断して良いだろう。多分内容はファリンティルの主義主張、組織メンバー、それに現状分析だろう。そしておねだりだ。だからただのカメラマン記者に向かって「閣下」などと大げさな敬称を付けてきたのだ。今回の取材では「旅行業者」になったり「神父」になったり「閣下」になったりと忙しい。

後日帰国してから、びっしりと書かれた報告書のようなものの翻訳を試みた。内容は以下の通り。

CNRM（マウベレ民族抵抗評議会）（注：地元民は東チモールをマウベレと呼ぶ）
FALINTIL（東チモール独立革命戦線）
武装戦線実行評議会
ポンタ・レステ（東端）第一ゲリラ自治区

親愛なる兄弟ラーシー（Larcy）へ、

まず何よりも先に親愛なる兄弟、及びマウベレ人民の戦いの最前線にいるすべての皆様に最も暖かい戦う挨拶を、そしてこの間の難しい戦いにおいて命を落とした人々と肩を並べて戦う為にも兄弟たちの幸せと健康を祈ります。

親愛なる兄弟よ、実はずっと以前からあなたに手紙を書こうと思っていたのですがなかなかそのような機会も訪れず、その上我々の間で使っていたあなたの以前の名前を忘れてしまっていたからです。

それから今まで適切な時期に手紙を書けなかったもう一つの理由は、兄弟自身も大きく影響を受けた九三年七月八日の組織の崩壊があります。この直後我らの評議会自体も大きく揺れ動き、すべての人々が恐怖に陥り、繋がりのあった人々の間で、また自分自身にさえ疑いの目を向けざるを得なかったからです。

この後者の理由が今になって手紙を書くことになった最大の理由なのですが、現在においてもこの問題を乗り越えられず目標を達成できないことからも、こうした問題は今後の戦いの過程においても、また外部の介在によっても更に生み出されてくるだろうことは容易に理解できることです。

しかしながら最後の目標達成まで戦い続ける意欲と覚悟さえあれば、現在及び将来の問題（障害）は我々のたゆまざる努力により乗り越えることができるでしょう。我々の常なる連携と戦いの実践化の組み合わせによって我々は団結していけると思います。

さて兄弟よ、ともかく我々は再び会うことができたのです。これからは将来的にも孤立した状態を作らないためにもっと効率的及び適切な対策をとって行きたいと思います。

連絡役として指定された戦闘員を使うという SUZUKI 兄弟の先進的な意見に同意されていないようですね。私としてはその戦闘員を使いたいという理由として、あなたを安心させるためそして保証するために言うのですが、この戦闘員は私の家族ともまた SUZUKI 兄弟からも近い関係にあり、あなたはすでに知っているかもしれませんが私と彼は従兄弟同士であり、もうずっと長い間共に働いてきた仲なのです。

あなたの兄弟スズキ（SUZUKI）からあなたにすでに提起されている問題ですが、これらについてはまだあなたから回答がきていませんが、その中でも一番大事なのはトウモロコシおよびその他の物資の継続的供給が可能なのかどうか、更に写真の現像や配信する文書のコピーが可能なのかどうかと言う問題です。

ではこれから私たちの状況を様々な戦線、武装闘争戦線、秘密戦線、政治外交戦線について見てみましょう。

まず私が言いたいことは、兄弟には私たちのこの闘争のプロセスを内部からまた国際的にも我々と行動し、すべてを見届けたいという不屈の意欲があると私は思っていることです。。しかしここではあなたの行動範囲内では得ることができないであろう情報のみ強調し補足し述べてみます。

内部面では、我々のカリスマ的歴史的指導者シャナナ・グスマンが捕えられた後に、マウベレ人の抵抗と戦いの新たな組織が再編されました。

このように武装戦線では戦いの必要上次のような有機的組織とそれを構成する構成員が決定されました。

ニノ・コニス・サンタナ　武装闘争最高評議会議長および書記
ファウル・マンタル・アクス　参謀長
アレクス・ダイ・ツラ　参謀副長
レレ・アナクス・チモール　参謀副長

最高評議会は我々人民の武装闘争における最高組織です。

秘密戦線では実行委員会が最高機関であり、その構成員は以下の通り。

書記であり実行委員会議長1名
副書記1名、
その他3名のメンバーがこの戦いの機関に属しています。しかし名前は明らかにできません。
武装戦線においては、散々苦しめられた以前の小地区においてはその組織を再編せざるを得ませんでした。
ポンタ・レステ地区（島の東端部）のような小地区においては組織もその構成員もすべて再構築されました。こうしてポンタ・レステ地区はその後ポンタ・レステ第一ゲリラ自治区と解消されました。
その構成員達は、
レレ・アナックス・チモール：RP地区司令官、および集結時のサブリーダー。
アルクス・デシャルト：第二司令官
ファリンテル・マウ・ナナ：参謀本部協力者
ラビ・マウ：地区書記
レナン・レラクス（スズキ）は以下の地区のRP：東部地区（ロレ、ロス・パロス、ラウテン、モロを含む）、及びロス・パロスの西（ラガ、バギア、ツカール・ロウーを含む）までカバーする。
未だ少数だが生き残っていた旧第一レニダード部隊も再編されました。
そしてこのレニダードは二つのレニダードに分かれ、それぞれ自治ゲリラ地区を構成することになり、それぞれ東と西の小地区に分かれて置かれています。

東地区には、自治ゲリラ部隊のレニダードの司令官としてレチ・モショが、西地区の自治ゲリラ部隊のレニダード司令官としてランシャビアンが任命されています。

他の自治区についてはここで説明する必要がないと思われるので書きませんが、もし興味があり知りたいのなら、また良い機会があれば書きますがそれで良いでしょうか?

秘密戦線においては同じような組織が生み出されていますが、実際の状況は各部分を構成する戦線の現在の状況に応じて適応されています。

秘密戦線の組織と戦闘員は、現在の状況・状態が許すようになってきているのですぐに構成することが可能になっています。しかし1カ所で問題が起こった時に他に影響しないように、人を動かすような前記の方法ではなく、すぐに戦闘員を避難させるためにもインドネシア側に知られていない人物を起用すべきです。

この戦いで一番苦しかった時に我々の歴史的カリスマ的リーダーが囚われましたが、我々の戦闘員たちは少数ながらも、その士気と精神は高いままに保たれています。

外交政治戦線ではドクター・ジョゼ・ラモス・オルタ同志が今以てマウベレ民族抵抗評議会のスポークスマンであり、そしてファリンテル最高司令官の特別代表の任にあります。

海外のフレテリン代表団も再編されました。

代表団団長であったドクター・アビリオ・アブランデス・デ・アラウージョは排除され、彼の代わりにジョゼ・ルイス・グテレスが団長に、そしてマリ・アレアーチェリ、ロケ・ロドリゲス、及びアルフレッド・ボッジェスがメンバーに加わった。

我々の同志であり歴史的指導者であるシャナナ・グスマンが囚われの身になった（注：一九九二年一一月）直後に、それまで彼がCNRMやFALINTIL参謀部の帆として彼らを指導してきたのですが、内部外部の指導部は彼に代わる非常に有能な組織を作り上げました。それはトロイカと呼ばれるものでしたが、一九九三年一二月七日には廃止されました。なぜならこの日、我々のカリスマ的指導者、シャナナ・グスマンがインドネシアのチピナン刑務所の奥深くから再びCNRMの総統括者として、同時にFALINTILの総司令官としての役を再開させたからです。この再開は、インドネシアの愚かで恥ずべき我々の祖国への侵略という日からちょうど十年目の日でした。

我々の戦いの進展については、兄弟は国内外の様々なニュースによってある程度理解しているだろうと思われますが、ここで我々の範囲内で得た最新で重要なものに焦点を当ててみましょう。

内部面で見れば、東チモール全土レベルでの国民抵抗運動自体を再編できたことは、今までのマウベレ人民の最も困難な戦いの中で得た大きな成功だったと言えるでしょう。なぜならうまく構築されず管理されていない組織の元では戦いは前に進められず、また進まず、まるで小学校の生徒のように同じ場所で足踏みを続けているのと同じ状態になってしまうからです。

我々栄光のFALINTIL の生き延びている数少ない戦士たちはどの側面においても力を発揮し、よろめくＩＮ（インドネシア）に益々多くの被害と死をもたらしています。

従って我々のポンタ・レステ（東端）地区においては、我々のカリスマ的指導者が囚われた以後においても、ＩＮ（インドネシア）に対して多くの死をもたらし数十丁の最新兵器を鹵獲《ろかく》していきます。

これら我々の力の行動は、我々は士気が衰えているという敵の宣伝は現実ではないことを明らかにし、我々の歴史的リーダーが囚われたために逆に我々の怒りと憎しみを生み出したと言えます。そしてこのことは同時に最後の一人の息が尽きるまで戦い続けるという固い決意を明らかにしています。内部での戦いの事実は秘密戦線に属することとなのですが、我々の秘密組織を悩まし続けた連続的な組織崩壊にも拘わらず、ＩＮ（インドネシア）は我々の新しい戦闘員たちの再生に決して終止符を打つことはできないでしょう。

一度拷問を受けたり殴打された人はその苦しみを一般の人たちが受けている苦しみとともに忘れることはありません！

例えロス・パロス評議会の構成員二、三人が逮捕されたとしても、この秘密組織の土台を支えると決心した他の評議会のメンバーがすぐに現れるでしょう！

私の親愛なるラーシー兄さん、あなた自身の周りの状況、そして人民の戦いの現実と事実から目をそらさないでください。この国土すべてに散らばっている多くの若者達とその仲間達は、この不退転の戦いに対して何と冷静で活動的でダイナミックであることか！

この事実がマウベレ人民がこの戦闘において得た大きな成果なのです！

外交政治面においては、ブトロス・ブトロス＝ガリ国連事務総長の斡旋によりポルトガル・インドネシア間の合計4回の実務者会議が開かれています。未だこの問題の解決に至るための実行可能な解決策は見つかっていませんが、ただ毎回少しづつ小さな解決策は出されており、大事なことは国連が常に次の会議に向けてのプログラムを両者に課し続けていることです。両者の間に存在する緩慢さと隔たりはあるものの、頑で柔軟性に欠く態度を取り続けるインドネシアは国際社会の圧力に屈すべきです。

五月三一日から七月五日までフィィリピンで開催された殉教したマウベレ人民のための協議会はそれは素晴らしい出来事でした。なぜなら、このフィィリピン・マニラでの協議会はジャカルタ政府（インドネシア）が主張するように、マウベレ人民の苦しみはまだ世界から忘れられてはいないということを示したのです。

この会議に参加した19カ国からのメンバーは満場一致で次のような決議を行いました。

1、インドネシアはマウベレ人民の譲渡不能の権利として国家独立の自決権を認めよ。

2、インドネシア侵略軍の完全かつ無条件の撤退を要求し、東チモールをアジアの一国として認めよ。

同様にこの協議会においては、インドネシアおよび我々の領土内のいずれかにおいて拘束された、我らのリーダー、シャナナ・グスマンを始めすべての政治犯の完全かつ無条件での釈放が要求されました。

親愛なる兄弟よ、こうした国内面、国際面での小さな戦略的成功が、我々人民の最終的勝利、つまり国の独立へと繋がるのです。

国連事務総長の仲介で行われているポルトガルとインドネシアの二国間会議において、基本問題解決に向けては今のところ何ら前向きな結果は得られていません。しかしこうした会議で戦いが解決されたことは未だかつてないことを認めた上で、話し合いを続けていれば、商売の会議のようにいつかは差を無くして解決できる日が来るであろうと思います。

この手紙を書き終える前に、こんなに長く書いてあなたの時間を奪ってしまったことを許してください。

最後にお尋ねしますが、以前のようにあなたを通して副長のダイ・ツラ（アレックス）兄さん、その他中央部や国境周辺にいる兄弟たちと連絡は取れるのかどうか教えてください。実はダイ・ツラ兄さんや中央部、国境周辺とも連絡は取れるのですが時間がかかりすぎるのです。

再び最後に、あなたとあなたの兄弟、友人たちに私からの最も強く最も長い抱擁を送るとともに、よろしくとお伝えください。

あなたからのお返事を心よりお待ちしています。

ケファ（旧名ガット）

この休みのない戦いにすべてを捧げよ！

祖国を、然らずんば死を、これが我らの誓い！

抵抗せよ、そして勝利せよ！

備考：文中の多くのミスをお許しください。文章が飛んでしまったり間違いは、私のどうしようもない生まれつきの文化的能力の低さからくるものです。

読み方は紙面頭につけた番号に従ってください。私は書いていてすぐに違うページに行ってしまうのです。お許しください。

（翻訳　川上エレーナ）

一九九三年一二月七日に我々のカリスマ的指導者、シャナナ・グスマンがインドネシアのチピナン刑務所の奥深くから発したメッセージを同封します。

アルバロはすぐにスアイに戻り山に入る準備をするというので、準備金として一五万メラマルピア（約七〇〇〇円）を渡した。ここでは大金だ。日本人とはいえ自費取材の貧乏カンにとってもばかにならない額だ。明日マデイラ神父の事務所で会う約束をして別れた。うまくいってくれればいいがチンピラ風情のアルバロを見ている限り、どこまでが本当の話か不安な面もある。しかし乗りかかった船、行き着くところまで行くしかない。

午後、またしてもユリアナさんの息子が来て夕食の誘いだ。これには困った。本当に困った。実は今夜はこちらから食事に招待しようと思っていた矢先だったのだ。機先を制されたことになる。先方から招待されてこちらで支払うなんて言い出したら、それこそ大戦争勃発だ。困りきってホテルのロビーでぼんやりしていたら「チモールの夕べ」というポスターが目に飛び込んだ。「チモールは一つ」という副題がついて各地の踊りと音楽を見せてくれるらしい。それも今夜七時からだ。これは夕食の招待を断るよい口実ができたし、何よりも自分の目でこのイベントを見たかった。すぐにユリアナさん宅に出向き、今夕は取材で忙しい旨告げ、夕食の招待を丁重に断った。

「チモールの夕べ」はアタンブア郊外のスタジアムで行われていた。特設された壇上で各地から集まった舞踊団が次から次に踊りと歌を披露した。各地の民族衣装に装飾過多とも思える金属製の髪飾り、冠、首飾りで飾り立て、単調な旋律の繰り返しではあるが速いリズムで踊りまわる。プロではないだろうが結構うまい。これは良いものを見せてもらったと感じ入っていたら、踊りの次になにやら儀式が始まった。各舞踊団が手に手に品物を奉げ、おずおずとメインテントの真ん中の大きなソファーにどっかりと腰を下ろす男に進み寄った。男はそれらの品物を尊大に受け取ると演説を始めた。「チモールは一つ」と何回も強調する。周りの観衆に訊けば彼がチモールの州知事だと言う。なるほどこれは官製の「チモール統一」を示すイベントだったのだ。観光客にとっては面白いものを見せてもらったで済むが（実際には観光客などいなかった）、出演している彼等、特に東チモールの人々はどんな気持ちで踊っていたのだろうか。親兄弟がインドネシア軍に殺されている人が多分数多くいたに違いないのだ。

14　スアイの奇怪な日々

一九九四年一二月一七日

スアイに戻る。すぐに裏口から教会の中に入りマデイラ神父の事務室を訪ねる。中から出てきた神父はまた舞い戻ってきたのかと少々複雑な顔を見せるがすぐに笑顔に戻り、中に招き入れる。これまで数日間の出来事を手短に説明し、山の中に入れるまでまたここに匿ってもらえるよう頼んだ。ただ今回の行動予定は彼には納得しがたかったらしくしきりに顔を横に振る。つまり、今回のルートは軍のチェックが厳しいところが何箇所かあり、そこを無事通過できるとは思えない、と言うのだ。ともかく夕刻来るはずになっているアルバロを待つことにする。しかし夜になってもアルバロは現れなかった。暗くなって一人の少年がマデイラ神父のもとに手紙を持ってきた。アルバロからだった。教会の構内に人が多くいたので、外でこの少年に神父への手紙を託したらしい。手紙は「今警戒が厳しいので、人を遣ってこのルートを調べさせている。もう一日待ってくれ。また連絡する」というものだった。

「チモールは一つ」で各地から集まった人々が部族の踊りを披露する

夕食は修道士と一緒だった。マデイラ神父から彼については注意するようにと言う忠告を前回受けていたので食事中もほとんど話をせずに済ませてしまった。僕が日本人子孫を探しているということは知っているので、食事後もその関係で色々訊いてくる。しかしこちらはもう十分に取材の結果を持っていたので何を訊かれてもOKだ。ただしきりに僕のことを「ファーザー（神父）」と呼ぶのには閉口する。ミサにも出ず、一日中ここの建物の中でぶらぶらしているのに変だとは思わないのだろうか。ただこちらをすっかり信用しているようで、詮索するような訊き方はしてこない。まあ彼は大丈夫だろう。

一二月一八日

今日は日曜日なので朝からミサが一時間ごとに行われている。一応七時のミサに出席して部屋に戻る。人の出入りが多いので身を隠していた方が安全だ。ただ部屋が異常に暑いので誰もいないなとみると食堂に行って水を飲んだりテレビをみたり。マデイラ神父はジュンマライ村方面に巡回ミサに出発。そのうち昼になり出された昼食を一人で食べ、またテレビを見出す。日曜はどこでも同じだがほとんどサッカーの試合中継だ。そこへ見知らぬ男が一人、ふらりと食堂に入ってきた。そして後ろのソファーにどっかりと腰を下ろして無言でサッカー中継を見ている。家にテレビのない信者が教会のテレビを見に来たのだろうか。中継が終って立ち上がると、こちらに顔を向け何か言いたげだ。

「えー、私の名前はアントニー、アルバロの友人だ」

すぐにどう返事してよいかわからずに曖昧な顔をしていると、

「バイクに乗れるか？」と訊いてくる。

「ああ、勿論だ」

「では、出発は明日の午後三時。途中軍の検問があるが心配はない。車を止めるようなことはしない。スアイから村まで三時間。そこから歩いて三時間で目的地に着く」

「で、アルバロは？」

「アルバロは行かない。私が行く。場所も司令官もよく知っている」

「わかった。しかし君を信用しないわけではないが、もう一度アルバロに会いたい。今夜一〇時、マデイラ神父の部屋に来るように言ってくれ。あなたも一緒だ。神父も交えて話したい」

彼はそれには返事せず「雨合羽《あまがっぱ》を忘れずに」とだけ言って出て行った。


さあ、本当に行けるのだろうか。最高司令官ではなく地区司令官に格落ちはしたが、それでもゲリラ達の素顔が見られる。何を食べ何を着て、何を考え、どう村人達と交流して、そしてどんな武器で戦っているのか、見たいこと訊きたいことは山ほどある。何よりもどんな男たちなのか、それを知りたかった。一九七五年以来「悲劇の島」とまで呼ばれているこの島で、山中でじっと戦い続けている男達をこの目で見たかったし、その声を聞きたかった。

だから今回は写真よりもビデオを重視してその装備を整えてきていた。荷物を二分し今まで撮った写真、ビデオ映像、メモ、資料はすべて一つにまとめパックし、これはマデイラ神父の元に置いてゆく。持ち物は簡単な着替えとカメラ類、それに雨合羽。ヌヌラ司令官から頼まれたものは残念ながら用意は出来ていない。もし本当に会えれば自分の所持するカメラ一台と小型のテープレコーダーを差し出すつもりだ。それに何よりも現金だ。

荷物整理、ビデオを含めたカメラ類の点検が一段落して教会の中庭に面する軒下のガーデンチェアでのんびりしていると、また男が一人ゆっくりとこっちに向かってくる。目の前までやって来ると立ったままポルトガル語で話し出した。


「やあ、こんにちは。私はここの教会学校の教師です」

「ハア?」——様子がわからない。

「あなたはレテフォホ村に最近行きましたか?」

またレテフォホの名前が出てきた。マックスに連れて行かれた山頂の村であり、そしてドミンゴス・ソアレス神父の赴任地だ。でも最近は行っていない。この男は誰なのか。

「私は、あなたはソアレス神父をご存知かと思って……」

イエスと答えたものか、ノーと答えたものか、一瞬迷った。

「いいえ、知らない」

「私は二カ月前にレテフォホからここに来ました」

「あなたは誰?」

というこちらの問いに答えることなく、踵を返して去っていった。一体皆誰なんだ。自分のポルトガル語が通じていないことを考えれば、ソアレス神父の友人でレテフォホから来た人物ならばケラク地区のジョアニック氏かアタラ村のオリベーラ氏が事前に様子を見に来たとも考えられる。しかしそれならこんなところにいる日本人など自分一人なのだからきちんと名乗っても構わないはずだ。

五時過ぎにマデイラ神父が巡回ミサから戻ってきた。旧式のトヨタのランクルに乗っているので、そのエンジン音で彼とわかる。すぐに彼の部屋に行く。

そこでまず午後ここに来た教会学校の教師と名乗る男について訊いてみた。マデイラ神父は即座に「そんな男は知らない」と答えた。それではあの男は一体誰なのか。

「実はあなたに見てもらいたいものがある」

と言って取り出したのは細かく畳んだ紙片。彼が車で町の中を走っていたら見知らぬ青年が車の窓にこれを投げ込んだという。広げてみればきれいな筆記体で箇条書きにされた手紙だった。

1、あなた（マデイラ神父）とあなたのところに宿泊する日本人はすでにインテルに怪しまれている。十分注意して欲しい。

2、目的地は村から歩いて六キロメートルの地点である。

3、ヌヌラ司令官は今まで外国人ジャーナリストと会見したことがある。しかしその後まったく事実と異なる記事を書かれた悪い経験がある。今回も心配している。この日本人はラモス・オルタの紹介状を持っているのか?

4、ヌヌラ司令官は二日間しかこの地には留まらない。来るのなら一九日までに来るように。

勿論差出人の名前はない。この手紙を読む限りこちらの意志はゲリラ側に十分伝わっているし、こちらの行動はすべて彼等と同時にインドネシア側の双方の監視下に置かれていることがわかる。恐ろしい世界に踏み込んでしまったものだ。

マデイラ神父が言う。

「これでインドネシア側も関心を持って見ていることがわかった。しかしあなたの本当の目的が何かはまだ分っていないはずだ。だからこれからはもっと大胆に行動してください。そうです、日本人の混血児探しという大義名分をもっと周りに宣伝するのです。何か隠しごとをしているように見られれば必ず追求されるのは当たり前です」

ということですぐに神父と二人で警察署に滞在届けを出しに行くことにした。前回と同じように警官たちは実に愛想がいいし丁重だ。警官は、前回届けが出してあるから今回は必要ないと言うが、ここで神父は長々とこの日本人の滞在目的を伝え、逆に日本人混血児探しに協力してくれるよう頼み込んだ。警官たちはわかったのかわからないのか終始にこにこと応対し如才がない。何を今更と胸のうちでは思っているのかもしれないが。

次なる目標はあの修道士君だ。食事の時間を待つ。今夜は夜のミサが外であるので神父はいない。八時過ぎに修道士君は会合から戻り二人だけの食事が始まった。食事をしながら少しずつ日本人混血児の話に持ってゆき、ここでの滞在目的が彼らの調査であることをはっきりと告げた。そして食事が終わってから今まで撮影したビデオを見せ、会話の翻訳を頼んでみた。最初はいぶかしげに見ていたが段々と、ここはどこだ、とか、あーそうなんだ、とうなずき始め乗ってきた。しかし彼の英語力ではすべてを翻訳するのは無理だった。こちらも付き合っているのに疲れ、一時間ほどで終わりにしてしまった。でもこれで彼も少しは納得しただろう。ついでに、明日アイナロに向けて出発する、とも言い添えておいた。アイナロは明日の目的地カブラケ山の麓の町だ。

ここの教会のロペス神父にはマデイラ神父から連絡が行くはずで、何かあった時は逃げ込める手筈になっている。この方面に向かうということは相当に注意を要することだ。というのはどうも東チモールの西部地域でのファリンテルの拠点とはこのカブラケ山を指しているらしいことがわかってきたからだ。今までのダーウィンでの話、ソアレス神父の話、アルバロの一回目の計画、そして今回、詳しく地図上でその方向と距離を考えてみればすべてこのカブラケ山へ向かっていることがわかる。なるほどそういうことか、段々自分がどこに連れて行かれようとしているのかが見えてきた。だから外国人がこの地域に向かうのは相当に危険だし、表向きの理由がなければならない。そこで敢えてこの修道士君に言ってみたのだ。夜一二時近くまで起きていたが結局アルバロもアントニーと名乗る男も現れなかった。

一二月一九日

朝、また修道士君と二人だけの朝食になった。マデイラ神父は昨夜は帰ってこなかった。どこかの村に泊まったのだろう。二人で昨夜の続きが始まった。

「そんなに沢山日本人の子供がここにいるんですか？」と修道士君。

「実数はわからない。でもここに日本軍は三年半も駐留していたんだからね」

「でもここで生まれ、ここで育ったのならここの人間じゃないですか。なぜその人を捜すのですか」

「日本人は日本人の血統を非常に大事にするんだ。同じ血が流れている人は他人じゃないんだ。その人の父親が日本人と証明できれば日本国籍も取れる」

「昨日のビデオを見ても、父親を探すのは難しい。それでも捜すことに意味があるのですか」

「そうした多くの日本人混血児達は現地では迫害され貧しい生活をしている。ある意味で戦争の犠牲者でもある。日本の人たちはキリスト教徒として、日本国民として、こうした貧しい人たちを援助しようとしている」

「それは確かによいことです。キリストは貧しく不幸な人を救えと教えています」

「そういうことだ。でも日本人の僕には、まだ夫の帰りを待っている妻達がいるというのは理解しがたい話だね」

「さあ、それは多分カトリックの影響でしょう。カトリックでは離婚は認めていませんからね」


そこへマデイラ神父が帰ってきた。すぐに彼の部屋に入り今日の予定の確認だ。夕方出発すれば山中に一泊かまたはそのまま帰ってきても明日にはここスアイを出ねばならない。周りにはスアイから西チモール側のクパンへ行くと言って実際にはディリに行く。マデイラ神父にあらかじめ今夕または明朝デンパサール行きの飛行機を予約してもらい、ディリに到着次第その飛行機に乗る。こうすればクパン廻りよりも一日早くデンパサールに着けることになり、当局の追及を一日遅らせることが出来る。そしてできればそのまま空席を見つけて日本に発つ。フィルム、ビデオテープ、書類などはすべてマデイラ神父に預け、ソアレス神父からダーウィン経由で日本に送ってもらう。こうすれば例えディリかデンパサールで捕まっても証拠はないからせいぜい即時国外退去になるだけだ。

ここまでを再確認して部屋を出ると修道士君が廊下にいた。聞き耳を立てられるような距離にはいなかったと思うが、明らかに通りがかったという風を装いながら話しかけてきた。

「今日アイナロに行く予定ですね？」

「そのつもりだけど」

「どうやって行くのですか」

「バスで」

「何時に出発ですか」

「午後遅くなると思う。ロペス神父が外から教会に戻ってくる頃訪ねるつもりだから」

「あー、そうですか」

ここまで訊いてくるとは明らかに彼が当局と通じているからだと確信する。どうせバスターミナルは監視の目が厳しくなるだろう。バイクでは裏道を探すしかない。多分案内人もそこら辺は考えてまず教会の裏門から裏道を伝って街道に出るはずだ。疑えば限《きり》がないがアンジェリーノ氏だってアルバロだってアントニーだって本当は誰のために動いているのかわからない。


午前一〇時、部屋で最終的に荷物のチェックをしているとアンジェリーノ氏がアルバロと共に不意に現れた。アンジェリーノ氏は昨日ディリから注文してあったパソコンを抱えて帰ってきたばかりだという。アルバロに今日の出発は予定通りか、と問うたがそれには答えずアンジェリーノ氏にしきりに何か言おうとしている。すぐにマデイラ神父の部屋に移動。一通りアルバロの言うことを聞いてからアンジェリーノ氏が、かいつまんで説明してくれる。

「アルバロが言うには、今現在ヌヌラ司令官のいるカブラケ山に行くのは相当に危険だ。今二個大隊、それも警察特殊部隊が山を二重に包囲しアリの入る隙間もない。これではほとんど不可能に近い。昨日兵士を満載したトラックが四台スアイを通過して行ったのを見た。別の情報では、一月九日にジュネーブで東チモールに関する国際会議が開かれるので、インドネシアは何としてでもそれまでにコニス司令官とその一派を捕まえると言っているそうだ」

アルバロは僕には目を合わせずしきりにアンジェリーノ氏とマデイラ神父に訴えかけている。アルバロがヌヌラ司令官からの手紙を持ってきたのは金曜日、それから今日で三日目だ。三日間で状況がそんなに急変するのか。それに例の手紙、そしてアントニーと名乗る男。すべてはゲリラ側の受け入れ準備が整っていることを示している。それなのにアルバロがしきりに「危険だ」を連発している。どういうことか。じっと聞いていたマデイラ神父はアルバロに何かを言い、彼を帰した。すぐにマデイラ神父に食いついた。

「これはおかしい。すべて状況はよい方向に向かっている。なぜ今になってアルバロが反対しているのか。そもそも彼が言い出したことだ。彼は単に私を山に連れて行くと言って準備金一五万ルピーを騙し盗るのが目的だったのではないのか」

マデイラ神父がゆっくりと思いを巡らすように話し出した。

「アルバロは初めからあなたを騙すつもりで行動していたのではないと思う。彼がゲリラの一員で今は連絡係りとして動いていることはインドネシア側もよく知っている。それに彼はかつて三回も軍に捕まって投獄されている。こういう人間は常に目を付けられているわけで、今回も、多分昨夜、彼は軍の呼び出しを受けたのだと思う。そこで何らかの脅しがあった。これ以上日本人に関わるな、さもなければ殺す、とね。こういう話はここではよくあることです。軍も日本人であるあなたには手荒なことはしたくない。だから諦めさせてさっさと東チモールから追い出そうという魂胆でしょう」

アンジェリーノ氏もこの見解には同感のようだ。神父の言うことが正しければもうここでは何も出来ない。外堀を完全に埋められてしまったのだ。

マデイラ神父とアンジェリーノ氏に今までの礼を言って正午のアタンブア行きのバスに乗った。周りには日本人はクパン経由で日本に帰ったと言ってもらうことにした。午後三時アタンブア着、五時のバスに乗り換え、夜一〇時寝静まったディリの町に入った。

15 ロス・パロスへ

一九九四年一二月二〇日

またしても失敗だった。アルバロが怯えてしまったことが敗因だが、最初のソアレス神父との約束を納得・確認しなかったことが遠因だ。小さなミスが大きなミスに繫がってしまった。まだ何も具体的な行動を起こしていなかったから大丈夫だろうとは思うが、アルバロはどうしているだろうか。あの時午後三時までスアイにいてアントニーの迎えを待ち、一緒にカブラケ山に向かうということも考えられた。うまく検問を突破して山の中に入れたかもしれない。そしてインタビューとビデオ撮影に成功し、その映像を世界に流せたかもしれない。しかし、それはあまりに危険な賭けだし、多分この賭けには負けていただろう。自分への慰めではないがそんな気がする。

朝のうちにソアレス神父に会い、当初の予定通りことが運ばなかった報告とお詫びを言っておきたかった。しかし司教区館の彼の部屋をノックしても何も応答はなかった。

一〇時のバスでバウカウへ向けて出発。何度も通った海沿いの道だ。左下は真っ青な海が水平線まで続き。右手は赤茶けた荒涼とした原野だ。飛行機に間に合わせるためにマックスが形相を変えて車をすっ飛ばした道だ。一二時半にバウカウのバスターミナルに着いたら向かいのバスが「ロス・パロス、ロス・パロス」と叫んでいる。ここでは一度バスを逃したら次はいつ出るかわからない。昼食を食べてからゆっくりロス・パロスに向かうつもりだったがこれでは昼食抜きだ。

三時半ロス・パロス着。すぐに教会へアゴスティーニョ・ソアレス神父を訪ねるが留守。荷物を置かせてもらって構内を散策する。ここはサレジオ会の教会だそうでスアイの教会よりずっと規模が大きい。案内された宿舎は二人部屋が六部屋も並んでいる。孤児院が併設され大勢の子供達の声が響いてくる。それに農園も経営しているのだろう、大きな農機具置き場もある。広い構内なので他人は入ってこないだろうが一歩構内を出ると、小さな町の割には警官の姿が目に付くし、戦闘服姿の兵士を満載したトラックが行き過ぎる。マデイラ神父がロス・パロスなら警戒が厳しくないから山に入れるチャンスはあるかもしれない、と言ってアゴスティーニョ・ソアレス神父への紹介状を書いてくれたのだがこの状況は正反対だ。後で警察には神父と一緒に滞在届けを出しに行くつもりだが、そうおいそれと一人での外出は出来そうにない。ここも無理かもしれない。

夕方アゴスティーニョ（・ソアレス）神父が外出から戻り、マデイラ神父からの紹介状を渡し、数日間の滞在と協力を願い出た。アゴスティーニョ神父は勿論東チモール人だが、中国系が入っているのか色はあまり黒くない。歳は三六、七歳か。細身で長身、メガネの奥に細い目が輝いている。マデイラ神父と違って全体が柔和でやさしいお兄さんという感じだ。彼がここの主任司祭で他にフィリピン人のアギド・パロモ神父、メキシコ人のアンドレアス・セルバンテス老神父の三人体制だ。それに二人の修道士がいる。食事後アゴスティーニョ神父の部屋で打ち合わせる。神父の話によればここも相当警戒厳重で山に入る手立てはないと言う。

「この間日本人女性が行方不明になったのをご存知ですか？　確か九月一八日のことでイリオマールの山中でのことです。これはインドネシア軍が殺害したことは地元民ならわかっていることです（注・帰国後調査したがそのような事実は見つけられなかった）。インドネシア軍は非常に残虐、人を殺すことを何とも思っていない連中です。だから十分気をつけて行動してください。私は現在フレテリンとは太いパイプは持っていません。私よりパロモ神父に訊いてみる方がいいでしょう。彼はシャナナ（注・シャナナ・グスマン、元ファリンティル最高司令官）が逮捕される以前には彼とコネクションがあったから彼と相談するのがいいと思いますよ。それとこの話はセルバンテス神父にはしないでください。彼は頭の固い人でね。反政府ゲリラとか革命とか絶対認めない人なんです。そう、宗教の中立性を信じて疑わない人なんですよ。それに年ですからね」

今クリスマス前で教会は忙しい。教会の規模が大きいだけに仕事量も大きいに違いない。クリスマスが終わるまで何も出来ないかもしれない。しかしここに隠れ住んでいる分には安全なのでゆっくり待つことにする。

一二月二一日

神父たちは七時前にはもう仕事に出てしまうようで、食堂に出てきたのはセルバンテス神父一人。それでもそそくさと朝食を済ませ、白い神父服にデイパックというでたちで、旧式なランクルに乗って出て行った。広い構内に一人残されてもやることがない。孤児院の中をぶらついていたら、教会の用務員と思しきおじさんが、こっちに来いと手招いている。何ごとかと行ってみれば、広間のテレビを指差して映らないと言っている（らしい）。確かにスイッチを入れてもザーザー言っているだけで何も映らない。これはいい暇つぶしが出来たとすぐに修理道具を持ってきてもらい、原因究明にとりかかった。電気・電子のことはまったく素人だがなぜか修理はうまい。スイッチ、チャンネル、アンテナなど一通り見てみたが原因はわからない。それでも接触点を磨いたり、アンテナの向きを変えてみたりしたらどういうわけか映るようになってしまった。でも完璧というわけではなく映ったり映らなかったりだ。多分内部の接触点か部品がいかれているのだろう。でもこれ以上の修理は無理だ。夕方、孤児院に子供たちが学校から戻ってくるとテレビの広間が騒がしい。多分まだテレビが映らないと騒いでいるのだろう。やれやれまた修理か、もう今度は無理だぞ、と思って広間に入っていったら子供達の大拍手で迎えられた。テレビは快調そのもの、音も映像も問題ない。なぜなんだと思うものの、それは顔には表さず、鷹揚に子供達の歓呼に応える。この日以来僕は子供達の間でヒーローになってしまった。

この孤児院には六歳から一八歳まで九四名の子供たちが生活している。すべて戦争で、つまりインドネシア軍に両親を殺された子供たちばかりだ。子供たちと話していると面白いことがわかってきた。勿論彼らは現地語方言で話しているのでわからないが、内容は大体わかる。年少の子供が（東チモールを）

「インドネシア」と呼ぼうものならたちまち年長の子供たちからどやしつけられる。

「ここはインドネシアじゃない。東チモールだ。インドネシアはジャカルタだ」

学校ではインドネシア国民としてインドネシア語で教育を受けているので、六、七歳の子供たちはついそのまま言ってしまうのだろう。しかし親たちを殺された記憶が鮮明な一五、六歳の子供たちになるとそうはいかない。この子供たちが次の独立運動を担って行くのだろう。そして幾世代にも亘って闘争は続けられる。インドネシアも馬鹿なことをしたもんだ。

夕方ここの神父全員が外から戻り夕食が始まった。僕の左にセルバンテス神父、向かいがパロモ神父、その隣がアゴスティーニョ神父、そしてその隣がサルメント修道士、その前がダ・コスタ修道士という席順だ。これは話す言葉によってアゴスティーニョ神父が決めた。セルバンテス神父はスペイン語に英語とインドネシア語（バハサ）、パロモ神父は英語、インドネシア語、それにテトゥン語（東チモールの共通語）、それにタガログ語、アゴスティーニョ神父はテトゥン語とインドネシア語、それに英語とポルトガル語、修道士たちはテトゥン語、それに若干の英語、つまり英語グループと現地共通語（テトゥン語）グループに分けられていることがわかる。その両グループの真ん中に座るのがアゴスティーニョ神父だ。

早速セルバンテス神父が話しかけてきた。昔メキシコで日本女性から日本語を習ったこと、日本に行った時の話、などなかなかの親日家だ。やおらプラスチックの小型の弁当箱のような箱を取り出して、僕に見せる。

「これはね、以前ここに来た日本女性から貰ったものなんだよ。非常に便利でね、汁が漏れないんで果物を入れて持ち歩いているんですよ」と言って蓋を開けたり閉めたりする。アゴスティーニョ神父が横から口を差し挟む。

「なぜその箱をセルバンテス神父がいつも持ち歩いているか、本当の意味を知っていますか？　まあ、今にわかりますよ」と意味深だ。


セルバンテス神父はそれに構わず話し続ける。

「この箱の裏を御覧なさい。このラベルに何か書いてあるでしょう。あなたなら読めるだろうが、私が読んで見せましょう」

と言って、箱の裏に書かれた内容物を示すラベルを読み出した。

「これは、『う』でしょ、次は『め』だ。そして『ぼ、し』だ。次は『ようき、すてぃれん（容器、スティレン）』でしょ。どうです、合っているかね？」

アゴスティーニョ神父は向かいの席から盛んに目配せしながら僕に信号を送ってくる。つまりセルバンテス神父がなぜこのプラスティック箱を持ち歩いているのかというと、それは自分がひらがなやカタカナを読めることを他人に自慢したいがためなのだ、というのが彼の言いたいことなのだ。パロモ神父もニヤニヤしながら僕達のやり取りを見ている。なるほど、ここは是非客人としてはセルバンテス神父の語学力を賞賛せねばなるまい。

「素晴らしい。あなたは語学の天才だ！」

その言葉にセルバンテス神父は満足したのか以後おしゃべりは止まった。

夕食後やっとパロモ神父と二人だけになれた。彼が言う。

「今この地域で山のゲリラと連絡を取るのは相当に難しいことです。というのは、二年前、この地域のフレテリン協力者のリストがインドネシア軍の手に渡り、組織が壊滅してしまったからです。リストにあった人々は一網打尽にされ、拷問を受け、脅され、そしてインドネシア側のスパイになったのです。それで今まったく別の組織を作ろうとしているところですがうまく行っていません」

「私の見たところ、南部のスアイより警戒がきびしいようですが」

「そうです。今ここにはインドネシア軍三個大隊一五〇〇人が駐留していますが、今また新たに三個大隊が増強されました。それに山の近くの村は破壊され、村民はすべて強制的に国道の近くに移住させられています。すべての村には五～一五人の兵士が配置されています。それに対するファリンィルは三部隊約三〇〇人です。彼らは常に山の中を移動しています。そんな状況でどうやってゲリラたちの中に入るか、ほとんど不可能です」

「話はわかりました。つまり一〇〇パーセント不可能ということですね。でも、もしもっと事情に詳しい人がいれば会って話を訊きたいのですが」と食い下がる。

「連絡員はいます。しかしここに呼ぶのは危険です。この教会の従業員の中にもスパイはいます。孤児院の子供の中にも買収されたり脅されたりしてスパイをしている子供もいるのです。では、明日私は病人の巡回見舞いに出るので、その途中連絡員に会えるよう工作してみます。少しは情報が得られるかもしれません」

パロモ神父と話して宿舎に戻る途中アゴスティーニョ神父と会いそのまま外で雑談が始まった。パロモ神父の考えや孤児院での昼間の一件を報告し、話は段々と東チモールとインドネシアの政治状況に移っていった。

神父は言う。

「今我々は苦しい状況に置かれています。しかし希望はあるのです。実際インドネシアは今崩壊の過程にあると私は見ています。インドネシア各地ではますます独立運動が盛んになっています。こうしたことが続けばインドネシアはどうなるか、近いうちに崩壊するでしょう」

「さあ、それはあまりに希望的な見方でしょう。インドネシアが崩壊するなんて国際社会が許しませんよ。そもそも東チモールの独立を押さえ込んだのはアメリカであり日本だという見方があります。インドネシアはこの両国の黙認があったからこそ侵略したというのです。アメリカは東南アジアの共産化を食い止めるために、日本はインドネシアの石油や天然ガスのために。東チモールは彼らの犠牲になったのです。インドネシアの崩壊などありえないでしょう」

余りに強く神父の論を否定したためか、神父は一言「眠い」と言って部屋に戻ってしまった。

夜になると教会の構内をウロウロしている人物がいる。初めは夜警かと思ったが、後で神父に訊いたら従業員の一人が夜中神父たちがちゃんと自室で寝ているか見回っているのだという。神父たちは二四時間見張られているわけだ。さぞ気が疲れることだろう。

一二月二二日

朝食後、子供たちは各々自鍬を肩に農場に出かけて行った。子供達がいなくなるとここは無人の空間になってしまい、どうにも暇のつぶしようがない。農場はここから四キロメートル行ったところにあると言うので、残った子供を案内役にこちらも遅ればせながら農場とやらを見学しに行くことにした。炎天下を歩くこと一時間、遠くの畑の中で子供達の姿が見えてきた。近づけばそこは農場といってもただの荒地だ。乾燥した大地を埃を撒き散らしながら子供達が地面を引っ掻き回している。僕の姿を認めると一斉に歓声が上がって走り寄ってきた。「仕事、仕事」と言って持ち場に帰そうとするが、もうだめだ。ビデオカメラを持ち出すに及んで、後は完全に遊びになってしまった。でも、僕が到着した時だって仕事らしきことをしていたのは半数にも満たないから、それほど作業の邪魔をしたことにはならないとは思うが。でも引率のダ・コスタ修道士が遠くからジーッとこちらをを見ていたから、あまり気分は良くなかったに違いない。

午後も教会の敷地内で子供たちのサッカー風景やピンポン、宿舎での生活ぶりをビデオカメラに収めので、夕食前に「大映写会」を催した。自分が写っていると言っては大騒ぎする子供達の姿を見てダ・コスタ修道士も大喜び、今朝の僕の無礼も許してくれたことだろう。

夕食後、パロモ神父が急に僕が何語を話せるか訊いてきた。「英語とフランス語」と答えるとちょっと困った顔になった。すぐに、四カ月間ポルトガル語を勉強したと付け加えると少し安心したように「そうですね、フランス語もポルトガル語も兄弟とは言えなくても従兄弟同士みたいな言葉ですね」と言う。横で聞いていたアゴスティーニョ神父が「フランス語？　私だって話せないけど、聞くことはできるんだぞ」とちょっとおどけて口を出す。

「ここには後何日くらい滞在できますか?」とパロモ神父。

「別に日数の制限はないけど」

「それは結構」

どうもこの話し振りでは可能性が出てきたということなのか。

一二月二三日

朝食後パロモ神父と二人だけになったので訊いてみた。

「連絡員の件、どうなりましたか?」

「昨日うまく連絡員と会えました。彼が言うには、彼らはここからそんなに遠くないところにいるようです。ですから会いに行くことは可能です。昼でも夜でも大丈夫だと言っています。ただし彼らが心配しているのは、あなたが一体誰の紹介で来ているのか、ということです。あなたが中立の立場か、ラモス・オルタの紹介なら結構、しかしアウラジョの紹介なら会う気はないと言っています」

「誰ですか、そのアウラジョというのは」

「あなたはご存じない?」

「ええ、初めて聞く名前です。私は一年前ラモス・オルタ氏と直接交渉しダーウィンを紹介され、東チモールに来るようになったのです」

「それなら問題ないでしょう。アウラジョという人物はフレテリンに属してはいますが、ジャカルタと交渉しながら平和的に独立を達成しようという一派です。だからゲリラたちは彼のことを嫌っているのです」。
フレテリン内部も一枚岩ではないらしい。しかし思いがけず道が開けてきた。もう一押し、ラモス・オルタからの紹介だということが相手に伝われば、それで出発できる。

午後、孤児院の広間で教会の聖歌隊の練習があるというので行ってみた。覗きに行っただけなのだが、女性が五〇人もいるのにバスはたったの七、八人なのをみて思わず練習に参加してしまった。実は大学時代ミサ曲を散々歌っていたので懐かしくなってしまったのだ。バスのパートマスターはジョクジャカルタから来たと言う気のいい青年医師だった。自宅にカラオケセットを持ち毎日歌っていて、特に五輪まゆみが好きだ、という。勿論こちらは旅行会社の社員で、今は個人的に教会活動の一環として日本人混血児を捜しているといういつもの「うそ」で答える。それに対して彼は「三日前にあなたがここに来た時はてっきり神父さんだと思ってましたよ」と正直だ。しかしちゃんとここに三日前に来たことを知っている。この三日間外に出たのは二回だけ、初日に教会の少し外に五分ほど散歩に出、二回目は子供たちとの農場行きだ。やはりインドネシア人として現地の監視が義務付けられているのかもしれない。

16　神父たちの論争

夜いつものように賑やかな夕食が始まった。神父たちに供される食事は大体西洋料理（もとはポルトガル料理か?）が主だ。料理といっても実に簡素で、例えば今日の料理は豚肉と豆のトマト煮、これに

ISLAND

農場で働くダ・コスタ修道士（右）と孤児院の子供達

新鮮なサラダ類が付く。あとはパンに水。それにコーヒー。細身の神父たちには十分だろうが、やや太目のカメラマンにはちと物足りない。

そしていつものようにセルバンテス神父が口火を切った。

「まったくこの国には統一した言葉というものがないんだからね。この小さな島に五つも言葉（方言）があるなんて考えられるかね？　今日行った村なんかファタロコ（注：ロス・パロス地方の方言）しか話そうとしないんだ。でも村人は本当は皆バハサ（インドネシア語）を知っているんだ。じゃ、バハサを話せばいいじゃないか。これがコミュニケーションというもんだ。え、違うかね？」と僕に意見を求めてきた。

「言葉というのは違っていていいんじゃないですか。言葉は個人や民族のアイデンティティーの問題なんですから。言ってみれば文化なんですよ。自分の文化を大事にするのは当然のことでしょう」と、ちょっと優等生的な返事でお茶を濁す。

パロモ神父が話しに入り込む。

「セルバンテス神父は文化や風俗というものを認めない人なんですよ。彼の言うことはすべて『愛』なんです。『愛、愛』これだけです。愛も大切ですがね、人間は愛だけでは生きて行けないでしょ」

「おー、愛は偉大なり！」

とアゴスティーニョ神父が大げさな仕草で叫ぶ。

パロモ神父が続ける。

「あなたはコミュニケーションが大事だと言ってますがね、村人はあなたのバハサ（インドネシア語）

がよくわからなかったんじゃないですか？」

「君はすぐに私のバハサを批判する。批判しないで教えてくれればいいじゃないか。君は私よりずっとうまいんだから」

「批判しているわけじゃないですよ。あなたが批判されていると思っているだけです。いつでもお教えしますよ」

「ヒヒヒヒー、君はいつもそういう言い方をする。まあ、私もすぐ反論するからね。そう私は論争好きなんだよ」

　すると横で聞いていたアゴスティーニョ神父が飛び込む。

「ヒヒヒヒー（セルバンテス神父風に）、パロモ神父が論争好きなのであってあなたはただの僻み家さんでしょ」

　二人してセルバンテス神父をいじめている。

「また君はそんなことを言う。ああ、君はここの主任司祭だからね。いつも私に命令するんだ。今日だって二時間もかけて行った村にまた明日も同じ村に行けって言うんだからね。私がどんなに苦労して行っているか知っとるかね。川をいくつも渡るんだよ。私のトヨタ（ランクル）はそりゃ素晴らしい車だが、私と同じように歳でね、クラッチがいかれとるんじゃよ。濁流の中でクラッチが動かなくなってしまったらどうするかね」

「じゃ、行かなければいいじゃないですか。途中で引き返せばいいんです。誰も行けないところに行けとは言ってないんですから」とパロモ神父。

「私も変わっとるが君も変わっとるよ」

「いやいや、私はセンターからちょっとずれたところにいるくらいで、あなたは特別ですよ」

「エキセントリックっていうんだろうね」とアゴスティーニョ神父がつぶやく。

「私がエキセントリックねー、ミスター・ジョー、どう思うかね」

とまた話が振られてきた。

「いやー実に面白い論争です。私たち教会の外にいる人間から見れば、カトリック世界の中で、その東チモールの中で、そのまたロス・パロスの教会の中で、あんたが特別とか変わっていると論争すること自体がすごくエキセントリックですねー。私も含め人間は皆違うし、それぞれ特別で変わっていると思います。普通なんてないんじゃないですかね」

これでこの論争（?）は終止符を打った。この論争がどのような展開を見せるか、特に教義の解釈にまでも話が及んで行ってくれれば、こちらはありがたく拝聴したかった。しかしこの論争自体あまり内容のあるものとも思えなかったので、言ってしまったのだ。日本の坊主は悟ったことを言って悟ってなさそうなのが多いが、その点カトリック神父というのは自分の個性というか人間性をさらけ出しているようで話していて気持ちがいい。とは言っても最後に悟ったようなことを言って、この論争を煙に巻いたのは自分だが。

食事が終わってアゴスティーニョ神父がしみじみと話し出した。

「セルバンテス神父がここに来るまではここの食事はお葬式みたいだったんです。それが今ではこの通り、毎晩お祭りですよ」

結局皆で食事時の会話を盛り上げ楽しんでいるのだ。つまらぬお節介をしたのは自分だ。

夜またパロモ神父と庭で話す。今日彼が仕入れてきた情報だ。それによると、ゲリラたちがこの近くに来るのは今月末になるという。この地域の部隊の全体集会があり、司令官三人に兵士が三〇〇人集まることになっている。だがそれは二八、九日になるのでそれまで待てるか、という。こちらとしてはここまで待ったのだからいつまで待っても同じだ。ただこの教会にいつまでいられるのか、が問題だ。これはアゴスティーニョ神父に訊かねばなるまい。彼がここの責任者だ。ともかく山の中に入るのなら一〇〇パーセント成功させねばならない。そうでなければ周りに迷惑が及ぶ。迷惑どころか犠牲者が出かねない。パロモ神父の話では、ここの司令官でさえ妻の弟の密告であやうく逮捕されかかったことがあるという。またゲリラ達の集まる地点はここから歩いて三時間ほどの森の中、昨日行った農園の後方一〇キロメートルあたりだろうと言う。なぜパロモ神父がそこまで知っているのか、多分彼は話すこと以上のことを知っているはずだ。

アゴスティーニョ神父の略歴。

本名アゴスティーニョ・ソアレス、

一九五六年、東チモールのヴィケケ地方アト・カラバウの生まれ。

一九六八年、一二歳の時ディリにあるマイナーセミナリオ（中等神学校）に入学。

一九七八年、フローレス島にあるメイジャーセミナリオ（高等神学校）に入学。

一九八二年、サレジオ会に所属、ファトマカの修道院に入る。

一九八六年、フィリピンのパラニャーケにあるサレジオ会の神学校に留学（三年間）。

一九九〇年、ロス・パロスに司祭として着任。

一二月二四日

朝食後に一応アゴスティーニョ神父に昨日のパロモ神父の話をし、いつまでここにいられるか訊いた。彼は、この件に関してはすべてパロモ神父に任せてあるので自分は関与しないという考えだった。だから僕がここにどれだけいられるかはパロモ神父の一存だという。確かにそれはそうだ。アゴスティーニョ神父は現地人、フレテリンの協力者などと疑われる訳にはいかない。その点パロモ神父は外国人だから嫌疑を受けても国外追放で済む。彼を巻き込むわけには行かない。

今日は教会が一年で最も忙しい日だ。セルバンテス神父、アゴスティーニョ神父は朝食後それぞれロロ、イリオマールに出発した。明日戻るという。で、本体のロス・パロス教会を預かるのはパロモ神父一人になった。

パロモ神父は言う。

「教会は別にフレテリンを応援しているわけではありません。あくまでも政治的には中立を保たねばなりません。しかし人権の擁護という観点から見ればインドネシア軍はあまりにも問題が多すぎるのです。今は少しは良くなったのですが、以前はすぐに人を殺しました。人権などという感覚がないのです。力が法なのです、ここでは。そのような状況に対して教会が何かを言うことは正義ではないですか？」

パロモ神父が自室に戻るとまた何もすることがなくなってしまった。そこへ昨日からこの孤児院に泊まりに来ているらしい青年がやってきた。顔は昨日見ていたので何者かと話しかけてみた。ファトマカのセミナリオ（神学校）の学生で、この孤児院出身なのでクリスマス休暇を古巣で過ごそうと戻ってきたのだった。名前はボカジオ・ドス・サントス、英語の上手な好感の持てる若者だ。彼も暇だしこっちも暇、ということで早速ラウテンまで観光旅行に出発した。ラウテンには旧日本軍の遺構が多くあり一度見ておきたかったのだ。一番興味があったのは島の東端にあるという洞窟なのだが、ここは町から相当離れている。ということは内部に何か遺品でも残っている可能性がある。ラウテンでボカジオが方々訊き込みをしてくれたところ、場所は町から一〇キロメートルも先の海辺に近いところ、長大な洞窟で中には大蛇が住み着き、中に入ったら二度と出てこられない、と人々は言っているそうだ。僕も狭い所が苦手だし、まして蛇はその姿を見ただけで逃げ出す臆病者だ。こんなところは例え取材とはいえ絶対に行きたくない。というわけで町の海岸にある日本軍が作ったと言うコンクリートのトーチカ（陣地）だけを見て昼までに帰ってきた。

昼食はサルメント修道士との二人だけ。今まであまり話をしたことがなかったので二人でゆっくり話すには良い機会だった。まずボカジオ青年についてあらましを語ってくれた。彼は去年この孤児院を出てファトマカのセミナリオに入ったばかりで、やはりここが恋しいし他に行く所もないのだ。父親は農夫だったが一五年前、彼が四歳の時に山に食料を獲りに行った際、インドネシア軍に見つかり村人一〇人が全員撃ち殺された。その上母親もすぐに病死し、以来親戚もなく孤児になってしまったという。

「ここでは皆ボカジオと同じような経験をしているのです。家族のうち誰かはインドネシア軍に殺されています。誰一人としてインドネシアとの併合など望んでいません。私たちには独立する権利があるはずです。しかし世界中は東チモールにはもう戦争などなくインドネシアの統治に満足していると思っています。インドネシアがそのように世界に言いふらしているからです。この状況に対して私たちは何も言うことが出来ません。言えば殺されるからです。だからあなたがここに来て見て訊いたことを世界中に知らせてくれるのは嬉しいことなのです。だがしかし、今まで何人もの記者がここに来ました。オーストラリア人、カナダ人、イギリス人と。そして彼らの記事が彼らの国で発表されるやいなやここでは犠牲者が続出するのです。逮捕され、拷問され、殺されるのです。外国人記者が取材源の実名や顔写真を出してしまうからです。でもそうしなければニュースの信憑性が疑われるでしょう。たとえ実名や顔写真を出さなくても周りの状況で分ってしまいます。今まで何度同じことが繰り返されたか、でも人々はそれでも話したいのです。その気持ちをわかってあげてください」

彼がこんなことを話し出すとは夢にも思わなかった。そしてこの言葉は異常に重く響いた。それは昔のある苦い経験が脳裏をよぎったからだった。

一九八六年、あるテレビ局の企画で「麻薬王クンサ」の取材でビルマ（ミャンマー）のシャン州に潜入したことがあった。当時麻薬問題は世界中の大問題で、若者達に蔓延するヘロイン撲滅のため世界中が躍起になっていた。そのヘロインの原料である（ケシから作られる）アヘンがシャン州の特産品であり、世界の市場に出回る八割をここで生産していた。そしてその大元締めがクンサという中国系の軍閥だった。そのクンサの周りには麻薬に関わる様々な組織や武装勢力が入り乱れ利権を巡って暗闘する一大無法地帯を形成していた。取材チームはテレビ局ディレクターOさん、ビデオカメラのMさん、渉外・通訳の中国系マレーシア人のキム・グーイ、それにビデオアシスタントの僕の四名。なぜ我々がその大元締めのクンサのお眼鏡にかなったのかは不明だが、ともかく様々な地下組織、人達の案内でシャン州の山奥に隠れ住むクンサの元にたどり着き、取材した。クンサの言い分は自分は世界一の悪者に仕立て上げられているが、ケシの栽培は現地民の唯一の現金収入源であり、自分はそうした貧しい現地民からアヘンを買い上げ彼等の生活を保証しているのであり、悪いのはアヘンをヘロインに精製し世界中にばら撒き莫大な収入をえている欧米諸国ではないか、その証拠にここにはヘロイン中毒者は一人もいない、と主張する。その上、自分はもう住民たちにケシの栽培を止めさせ、この商売からも手を引きたいとまで語った。この主張を世界に伝えてくれと言うのだ。その後僕達は無事国境を越え、バンコクを経由して日本に戻った。しかしすぐに僕達はタイ当局から密出入国という名目で指名手配されていることを知らされた。それも警察からの手配ではなく軍最高司令部からの手配という特別な指名手配だった。うまく日本に逃げ帰った僕達はよかったが、現地で僕達を案内したガイド達はただでは済まなかった。特にタイ領内でクンサとの連絡役として動いていたK氏と彼の妻、子供二人の一家全員が何者かによって惨殺された。クンサの主張が表に出ることによって不利益を蒙る集団の犯行であることは間違いない。闇の世界は、一般社会が些細だと思っていることでも自分達に少しでも不利益になることであれば容赦はしない。その怖さを思い知らされる取材だった。ともかく取材協力者に危害が及ぶようなことは絶対に避けねばならない。

夜八時、クリスマスイヴのミサが始まろうとしていた。着飾った村人達が続々と集まってきた。真っ白な晴れ着に身を包んだ子供たちがすごく可愛い。今夜洗礼を受けるのだろう。手に手に蝋燭をかざした聖歌隊、そして立派な式服で現れた聖職者達、ここがさっきまでの血塗られた島東チモールとはとても思えない。ミサに参加しようと思ったが、なぜかそんな気分になれず自室に戻ってしまった。どうしてもさっきのサルメント修道士の言葉が頭から離れないのだ。遠くから聞こえてくる聖歌の歌声を聞き

クリスマスイブに子供たちに聖体拝受礼を執り行うアゴスティーニョ神父

ながら、どうしたものかとベッドの上で考えあぐねていた。

一二月二五日

朝八時からクリスマス・ミサが始まる。一応ミサには出席したがすぐに自室に戻った。昨夜から胃が痛むのだ。昨夜は結局深夜過ぎまで眠れず、考えはどんどん悲観的になっていった。

もうここらで取材は止めるべきではないか、と思う。当初の予定では東チモールのすべてをビデオに納め、この国に起こっていることをレポートするつもりでここまで来た。独立運動がいまだに継続され、住民達がどんなに弾圧されているのかという話を中心に、旧日本軍、日本人混血児の話を織り込めば一番組またはグラビア特集ができるはずだった。日本では東チモールで何かが起こっているということを少しは報道されているが実態を見せた報道は成されていない。それはここには外国人記者が立ち入れないという事情もあるが国際政治も絡んでいる。特に日本は石油、天然ガスを大きくインドネシアに依存している限りインドネシアは友好国であり、やることに口出しはしたくない。言ってみれば日本やアメリカは見て見ぬ振りだ。それどころか裏で支援している。どうしてもこの東チモールの実態を日本に、そして世界に知ってもらいたい。

しかし今となっては住民達の姿が映っている映像や写真は使えないことになる。どんなに本名を隠し、顔をわからなくしても周りの風景からそこがどこかは容易に特定できる。僕が立ち寄った場所は当局はすべて把握済みだから、関係者はすぐに割り出せる。取材者は人の命まで保証できない。ではここで止めればどうなるか。東チモールの実態は世界に知らされない。知らされなければ国際社会での解決を願っている住民達の願いは達せられない。そして悲劇は続く。しかし今回一回の報道で世界は東チモールに目を向けるのか。それは、否だ。たかだかニュース番組の一部で三分ほど放映されるか、週刊誌の三ページの読み物になるだけだ。次の日には忘れ去られている。クンサの取材で世界の麻薬事情は変わったか。残念ながら何一つ変わらなかった。取材グループが幾ばくかの報酬を得、関係者が数人殺された、それだけだ。今あれと同じことをここでしようというのか。

しかし、だ。ここで止めてしまっては今まで協力してくれた人達に何と言おう。ラモス・オルタに、ダーウィンに、そしてこの島の神父たちに。

残る唯一の方法は何としてでもゲリラのところに行くことだ。ゲリラ達だけの映像なら問題はない。他の映像、写真は一切公開しない。だがしかし、それとても今ロス・パロス近くの山に入ればすぐに自分が撮った映像だと知れてここの関係者に捜査の手が伸びる。それを何とか回避する方法はないか。ともかくゲリラたちの映像が欲しい。そのためには機会をじっと待つことしかないだろう。

昼食時、一仕事終えたパロモ神父が食事に現れた。少しゆっくりしたのかすぐに仕事に戻る気配はなく雑談が始まった。

「パロモ神父、私がここにいること、そしてもし私がジャーナリストだと知れたらあなたに危害が加わらないだろうか」

「証拠がなければ大丈夫でしょう。一年前にもファリンティルに関係していた地元の教師が捕まって、拷問を受け、三日目に仲間の名前を全部喋ってしまったのです。その時私の名前も喋ったらしいのですが結局私のところに軍は来ませんでした」

そしてパロモ神父が今まで見聞きしたこの地方での惨劇を語り出した。

一九八三年の暮れか八四年初頭、イリオマルでの事件。ファリンティルに通じたとして村人が捕まり、村の広場に村民全員が呼び出された。捕まった村人の父親が呼び出され、ナイフと手斧を渡された。これで自分の息子を殺せと命令された。出来ない、と拒否すると次にその親族が呼び出されその父親と息子を殺すよう強要された。こうして次々と親族が呼び出され、最終的に二〇名の村人が親族の手によって殺された。

一九八三年一二月、やはりイリオマル近郊での出来事。村民二〇〇名が小学校の一室に集められ監禁された。村長が呼び出され全員を殺すよう命じられた。しかし村民の一人の敬虔なカトリック信者が進み出てこの命令を拒否、そしてどのような法律でこのような殺人が正当化されるのかと司令官に反駁した。結局彼は殺されず全員釈放された。

一九八三年の一時和平の失敗後、インドネシア軍はその報復として虐殺を強化し始めた。特にイリオマル地方での出来事が多く、ある時村の女性二〇〜三〇人が軍の施設に集められ、裸にされ、兵士から強姦され、殺された。

一九八三年、ロス・パロスから七、八キロメートル東のムア・ピティネ村での出来事。ファリンティルとの関係を疑われた村人五名がインドネシア軍に捕まり、その村の村長がナイフを渡されこの五名を殺すよう命令された。村長は仕方なくこの五名を刺殺した。

こういった事例はロス・パロスに限らず各地で訊くことができる。ヘリコプターに乗せられ上空から突き落とされたり、海岸で生き埋めにされたりと枚挙にいとまがない。一体、インドネシア人とはそんなに残虐な民族なのだろうか。村民を、武器を持っていない人を殺すと言う行為は戦争ではない。これは単なる犯罪だ。どのように正当化してもしきれるものではない。しかし世界にはこの種の話の何と多いことか。当事者達には犯罪という認識はないのだろうか。何もそれは法を犯すという意味での罪ではない。もっと人間の根源的な罪の意識と言うものがあるはずだ。世界中で頻発する地域紛争、戦争、その一つ一つを詳しく見ていけばおよそ二〇世紀の現代での出来事とは思えない所業だ。パレスチナ、そしてサラエボを思い起こしてみればいい。人間が本来持っていると思っている罪の意識とは一体何なのだろう。そんなものは初めから無いのかもしれない。

夕食時、久し振りに（と言っても一日ぶりだが）全員が揃う。クリスマスということでワインも振舞われる。食事もいつもよりちょっとだけいい。クリスマスソングもテープで流し、いいムードだ。東京での俗界のクリスマスとあまり変わらないが、それでもカトリック教会での聖職者達とのクリスマスディナーというのは初めての経験で、心なしか敬虔な気分になる。しかしその敬虔な気分はセルバンテス神父が口火を切るに及んですぐに消し飛んだ。

「今日は川が濁流になる前に急いで戻ってきたので命が助かったよ」とアゴスティーニョ神父に当てこ

する。

「それは素晴らしい。無事生還おめでとう。乾杯！」とアゴスティーニョ神父。

「ほう、君は僕の生還を祝福してくれるのかね、ヒッヒッヒー」

「勿論ですとも、ヒッヒッヒー」とアゴスティーニョ神父がおどけて答える。

そして話題は今日発表されたベロ司教のクリスマス・メッセージの話に移っていった。

カルロス・フィリッペ・ヒメネス・ベロ司教は東チモール生まれの生粋の東チモール人だ。この国の惨状を最も早く世界に、国連に訴えたのは彼だ。以来宗教者として東チモール人として人々から最も尊敬を集めている人物だ。今日の彼のメッセージはポルトガル語で発表されているため僕はまだそれを読んでいないが（勿論テトゥン語でも発表されているだろうが）、アゴスティーニョ神父もパロモ神父も修道士達も一様に「素晴らしいメッセージだった」と評価が高い。

そこへセルバンテス神父がまた口を挟んだ。

「私は以前ベロ司教に言ったんだ。ミサでテトゥン語しか使わないと言うのは間違っている、とね。日常語はバハサで、ミサが始まるとテトゥン語になる。おかしいと思わんかね。それにここでは神父だけテトゥン語で、村民は地区の方言だから神父の言っていることがわからんのじゃ」

アゴスティーニョ神父もパロモ神父も、「やれやれまた始まった」という顔つきで聞いている。しかし反論はしない。クリスマスの晩にこんな話で盛り上がりたくはないのだろう。

「ところでミスター・ジョー、君は両方の言い分を聞くべきだよ、そうじゃないかね」

また話を振ってきた。

「勿論ですとも」

「私は何でも反対するように聞こえるかもしれないが、二つの違う意見があって初めて世の中は正常に機能するもんじゃないかね」

「それはそうです。あなたは正しいことをおっしゃる」

この一言にセルバンテス神父は満足したのか大人しくなった。どうも僕はここでの議論のまとめ役はなってしまったようだ。

食事後、セルバンテス神父にまた捕まった。

「ところで、今ベロ司教のクリスマス・メッセージの話をしていたね。私から言えば、あれは宗教者の言うことじゃない。あれは政治だ。チモール、チモールと最後までチモールの話だ。我々は福音を伝えるのが使命じゃないのかね、そう神のことを。なぜ皆、そう了見が狭いのかね。ここの二人だってそうだ。彼らはナショナリストなんだよ。インドネシアは嫌だ、インドネシア語（バハサ）もだめだ、テトゥン語を話せなどまったく話しにならん。そうやって自分の殻に閉じ篭ろうとすることはいつか身を滅ぼすことになる。もっと広い心で、現実を見るべきなんだ。今の現実から出発しなければ将来はないんだよ。夢みたいなことばかりを言っていれば近い将来手荒な現実にぶつかることになる」

「インドネシアが嫌いだといったって、この東チモールに今まで二〇以上の教会を建ててくれたのはインドネシア政府だ。それもイスラム教徒たちだ。道路も橋も立派になった。何でこうしたことに感謝しないのかね。ナショナリストたちの言っていることはまだまだ時間のかかることなんだよ。我々の世代じゃ終わらんだろう。それにこれは我々の世界の話じゃない。政治の話だ。言葉のことは、何回も言うが、この狭い島に五つもの方言がある。それもお互いにまったく通じない。ベロ司教の言う『チモール人の団結』だって、そもそも言葉が違ったら団結どころの話じゃないだろう。もう二〇年もインドネシア語が公用語として使われているんじゃ。もういい加減にそれを認めたらどうかね。ここの二人だっていつまでもテトゥン語でミサをやっているがね、この地域でテトゥン語がわかっているのはほとんどいないっていうのに、困ったもんだ」

セルバンテス神父は僕と二人になるとより饒舌になる。ただ彼の言っていることは既に何回も聞かされていることなので相槌を打つくらいしか反応の仕様がない。かと言って反論するにはあまりにも見解を異にしているので噛み合わないだろう。ただ彼の指摘する言語の問題は確かにここでは非常に大きい。この問題でフレテリンも大いに困っているのだ。だからこそテトゥン語をここの共通語にしようとして運動しているのだ。インドネシア語を共通語にしようなどと考えている東チモール人は一人もいないはずだ。

ひとしきり自分の主張を披露すると今度は自分のことを話し出した。

「わしのビザが一二月三一日で切れるんだよ。それでディリの司教区事務所に申請の手紙を書いてもらうために行ったんだが、何とコンピューターだよ、コンピューター。すべてそこに入っているんだそうでコンピューターを操作できる人間が今いないとシスターが言うんだ。タイプすれば済むことじゃないか。で、結局三カ月の延長しか認められなくて三月三一日までのビザしかもらえなかった。今までこんなことはなくて、いつも一年もらっていたというのに。これは絶対外国人神父の締め出しを狙っているんだよ。外国人神父がナショナリストの神父と一緒になって反インドネシア的な行動をしているからなんだ。なぜもっと広い心が持てんのかね。いやいや、わしの話を聞いてくれてありがとう。少しは参考になったかな」

明日アゴスティーニョ神父の故郷に行こうと思う。そこに日本人との混血児が住んでいるという。同神父によれば「あなたと同じ顔をしている」らしい。山の中に入れるまで時間稼ぎのためにあちこちをウロウロしなければならない。ずっとロス・パロスにいるわけにはいかない。

17　ベロ司教のクリスマスメッセージ

「ディリ司教区の聖職者、信仰篤き人々、及びイエス・キリストに忠実なるすべての愛し子たちに贈る、司教よりの一九九四年クリスマスメッセージ」

――「天にまします神に栄光あれ　良き心の人々に　地には平和を！」
天使達の告知を隅々まで知らしめるこの賛歌と共に
かつて人を創られし神の御子の現れ
そのたった一度のご誕生
虚しき歌を歌う集まりに集う者達よ
「天にまします神に栄光を　良き心の人々に平和を！」
ロロ・サエ（東）からロロ・モヌ（西）まで　タシ・マネ（北）からタシ・モネ（南）まで
すべての人々がこの賛歌を歌い　この良き出来事の意味を想えるように

――共に称えよう　「神の栄光」を
なぜなら
永遠の創造主　神がこの世にその御ひとり子をお使わしになったから
我らの救世主として　我らを解き放つものとして　そして魂の贖い主として
共に称えよう　「神の栄光」を
なぜなら
罪に穢れた人々の尊厳を取り戻し
暗闇と混沌の中で生きた人々に平和の再建と和解をもたらしたのは
神の託身イエスであるから
預言者によって告知された救世主による平和は
平和の皇子イエスのご生誕により成就されるのだから

――「良き心の人々に平和を！」
平和とは　とりわけそれが神の恵みであるということです
しかしそのためには対価が必要なのです
平和を得るためには労力が必要なのです
平和を手に入れた後も
これを維持し　組立て　この地上の隅々まで広めることが必要なのです

平和とは　心の平和であり　家庭の平和であり　村の平和であり　学校の平和であり　職場の
平和であり　社会の平和　そして世界の平和であるのです

——ディリ司教区の誠実なる信徒の皆さん
世界とチモールの平和は　真実の平和を信じ愛するということに寄与することでなければなり
ません
平和は　すべての良き心のチモール人の努力の結束を求めているのです

——この目出度きクリスマスの時期に　私の一九九四年クリスマスメッセージを皆様にお贈りでき
ることに感謝します
そして　団結へと向かうための思想作り　あるいはチモール人共同体をまとめるべく働く統合
体の構築をお許しください

——世界中のすべての人々が言うように、チモールは一つの共同体ではありませんでした
チモールの人々の心の奥までいかにばらばらであり　あったことか
すべての人々が　そのことを再度認識する必要があります
チモール人社会の無統一性は否定されるべき事実です
それが良かれ悪しかれ　チモールの人々の社会及び宗教生活上の　一つの価値であり
一つの傷であり　一つのドラマであり　そして罪であるのです

――歴史が語っているように　一五一五年チモールが西欧に発見されて以来今日まで　チモールは決して一つのまとまった民族であったことはなく　調和も一致も進歩もない社会であり続けてきたのです　一四世紀でさえ　反乱　ゲリラ　村落への放火　家畜の強奪　暗殺　他国や他部族　他領地への侵略　といった言葉が歴史資料には書き連ねられています　経済的　政治的　宗教的利害がことさらこうした無秩序な社会を助長してきたのです　ポルトガル　オランダ　日本、オーストラリア　インドネシアといった外国勢力も　反乱や反乱分子の掃討のためにチモール人社会の無統一化に一役買ってきました

「分割して統治する」という政略は　チモール人社会をお互いに反目させ合い　無統一状況に置いておくための　非常に効果的な武器ともなったのです　そして一九七四年来の私たちの非常に過酷な経験が、最近の歴史の一節として付け加えられたのです　指導者達は、正しいやり方として提案すべき「多様性」と「抵抗」の意味を理解していなかったのです　これがすべての結果なのでしょうか?

戦争　無秩序　苦痛　刑務所　死　そしてトラウマ　誰がこのような状況を作り出したのでしょうか?　チモールでしょうか?　いいえ、それはまったく違います　私達の無統一性は私たちの「聖母マリア」(最も大切なもの)にまで手を伸ばしています　チモールの人々の魂　知性　心理　そして文化と信仰までも奴隷化しようとしているのです　無秩序は私達の運命であり宿命であるかのようです。そしてこのような大きな苦しみに対して逆らえないようにもして

いるのです　チモール人の指導者もなく　チモール人の代表を召集するような政治的提案もなく　人々の希望を満たすような良い考えもない状況の中で　この大きな心の間隙を埋めるため（人々の母であり教師である）イエス・キリストとその教会は　平和への道徳的・精神的価値と和解と愛と正義を示し続けてきたのです　こうした混沌に対して　チモール人としての心を生ましめよ　と「新たなる神の命令」は答えています　教会ははっきりと次のように宣言します「団結し統一された精神の創造こそが必要である　無統一は罪である！　団結は神からの純粋なる贈り物である」と。

――多くの人々によるクリスマスの意味が説かれている中で、サン・レオン・マグアノは次のように言っています　「キリストを信じる者たちよ　汝の尊厳をよくよく考えよ」と　この言葉に必要なる変更を加え　チモールの教会は次のようにチモールの人々に訴えます「チモールの人々よ、汝の尊厳をよくよく考えよ」と　そして「心を一つにして生活し　平和を構築せよ　良き社会のために働きなさい」と

――クリスマスの時にあたり　サン・レオン・マグノアはすべてのチモール人へ　とりわけキリストを信じる者たちへ　喜びと　正義と　そして平和の愛を贈ります。

――敬虔なる兄弟たちよ　今日私達の救世主がお生まれになりました　共に喜びましょう　死の恐怖に打ち勝ち　約束された永遠の喜びに浸るために　今日の命の誕生の日に悲しむのは止めま

しょう
――すべての人々に　クリスマスおめでとう　そして良き新年が訪れんことを
司教からの祝福

カルロス・フィリペ・シメネス・ベロ
法王の執政官
（原ポルトガル語　著者訳）

18　ヴィケケの奇跡

一九九四年一二月二六日

ファトマカの神学生ボカジオを通訳に頼み、アゴスティーニョ神父の故郷アト・カラバウに向かう。その奥八キロメートルの村アファロイカイに日本人混血児が住んでいるという。

朝五時のバスでロス・パロスを発ち、バウカウ郊外の村でヴィケケ行きのバスに乗り換える。一時間以上の待ち合わせがあったので近くの喫茶店に入り休んでいたのだが、店の奥にいた二人の制服男の目がやけに厳しい。我々の方をジロジロと遠慮がない。僕のほうもやれるものならやってみろとばかりどっかりと腰を落ち着け無視を決め込んだ。そのうちボカジオが友人でも見つけたのか通りの反対側に行って若い男達と話しこみ始めた。すると今度は急に隣の雑貨店に入って行った。何か必要なものがあれば僕が買うからと出発前から彼には言ってある。何を買いに行ったのだろうと、店頭に席を変え彼の後を目で追った。彼がその店の店頭の椅子に座り込んで誰かと話している。こちらからはボカジオの後ろ姿しか見えず相手の男の顔は見えない。ボカジオの神妙な態度が後姿でも見て取れる。知り合いなのか、それとも若いのに組織に関係していてその秘密連絡でも受けているのか。ここは彼の神学校から二〇キロメートルくらいの場所なので知り合いもいるだろうし、この辺で活動しているのかもしれない。彼はこちらの視界に入っているし、彼もまた僕の姿が横目で視界に入っているはずだ。危険な相手なら僕に何か合図を寄こすだろう。しかしそのような気配が感じられないまま彼はこちらに戻ってきた。何ごともなく「じゃ、行きましょう」とやってきたバス（ミクロレット）に乗り込む。先ほどの男も一緒に乗り込む。僕と目を合わさない。おかしな男だ。

バスはヴィケケではなくバウカウに戻ってしまった。ボカジオは僕に何も説明しないのでただ彼に付いて行くだけだ。バウカウで今度は本当にヴィケケ行きらしきバスに乗り込む。バスとは言っても日本の軽トラックの荷台を改造したような小さな車だ。乗客が一〇人も乗れば満杯だ。バスは段々と高地に向かい雨も降りだした。雨に霞む山々、そして平原が美しい。ところどころに現れる鄙びた村々、ここは今まで回った地域とは違って相当に貧しい。人々の着ているものもみすぼらしい。バスはそんな村々を巡りながらどんどん山岳地帯に入って行く。こんな小さな車で大勢載せてよくもこんな急坂を上って行くものだ。突然車内天井の握り棒が折れ、摑まっていた乗客がどっと崩れる。その勢いで握り棒の端が男の頭にゴツンとぶつかった。エンジン音だけが響いていた車内に乗客の笑い声がどっと響いた。

ヴィケケへの道

やっと中央高地を越えたのか車は下降しはじめ、とある町に滑り込んだ。そこがヴィケケだった。雨も小降りになっていた。すぐにアト・カラバウ行きのミクロレットを探したが見つからない。訊けばアト・カラバウまではここから三時間かかるという。もうすでに三時を回ろうとしている。これからアト・カラバウに行けばもう日暮れになるだろうし、宿も探すには遅すぎる。それに暗くなってからの知らない村の中を歩き回るのは危険だ。特にインドネシア軍、警察が怖い。ボカジオと相談して結局アト・カラバウ行きは断念、今夜はヴィケケに泊まり明日にはロス・パロスに戻ることに決めた。アト・カラバウはボカジオも行ったことがないらしく、まるで気乗りがしていないようなのだ。むしろ早く帰りたいとでも言いたげだ。ガイドがその気になってくれなければ仕事は進まない。それにこちらも日本人混血児取材にはあまり意味を持てなくなって来ていた。今はゲリラ達の所に行くことで頭が一杯なのだ。

そこで、ヴィケケでは泊まるところがないので一応挨拶がてらに教会に行くことにした。うまく行けば泊めてもらえるし、そうでなくともどこか紹介してくれるだろうというつもりだった。突然迷い込んだ僕達二人に神父は少々怪訝な顔をしていたが、教会には部屋もないし水の設備もないので泊めるわけにはいかない、その代わり町には政府の宿泊設備があるからそこへ行ったらどうか、と助言してくれた。神父の車に乗せられ宿泊所とやらに連れて行かれたが、外見はコンクリートの廃屋だ。浮浪者のような管理人がいるだけで宿泊客は他には誰もいない。汚い部屋の床に汚れたマットレスが置いてあるだけでシーツも枕もない。洗面所はあるが水は出ない。夜露を凌ぐだけの施設だ。これで一万ルピア（五〇〇円）とは高い。

次にお決まりの警察への出頭だ。これも神父の車で連れていかれる。ここの警官は神父に甘くない。ペコペコするどころか無視だ。神父も我々を建物の中に入れるとさっさと車のところに一人戻ってしまった。薄汚い事務所のような警察だが、今までになく厳しい。職業から家庭、それに旅行の目的など事細かに訊いてくる。ただ僕より調べられているのはボカジオだ。警官たちの態度はまるで犯人の取調べのようでボカジオは可哀相なくらい怖気付いている。時々助け舟を出してやるのだが、その時は警官は僕のほうを見て一応笑顔を作って見せる。しかしボカジオの方に向き直るとまた尋問だ。何回か僕がおどけて見せ、場を明るくして取り繕ったが、インドネシア人のチモール人に対する差別と強権的態度を目の当たりにした思いだ。何とか警察もクリアしまた神父の車で教会に戻った。教会で飯を食ってゆけと招待してくれたからだ。

もう教会に着いた頃は日もとっぷり暮れ、教会の外観はよくわからなかったが、この町に相応して小さな決して綺麗とは言えない教会だ。神父の名前はアントニオ・ゴンサルベスといった。年は五〇歳近くか、薄くなりかけた頭にがっしりした顔付きで色も浅黒い。一見するととても神父には見えず、どこかのやり手の雑貨屋の親父だ。小さな部屋に通され、どこからともなく運ばれた食事が始まった。どうもここでは聖職者は彼一人のようだ。初めは僕も少々警戒して自分のことはあまり話さなかったが、そのうち段々と彼は僕の素性に感づいてきたらしい。この島の政治状況について話し始めると段々とゲリラ達の話になっていった。神父は僕に講義をするかのようにどの地区には兵士が何人いて誰が司令官か、それにインドネシア軍部隊はどこに何人駐留しているかなど、こんなことを他人に話していいのかと思えることを平気で喋りだした。また最近の戦闘もどこでどの部隊とどの部隊が交戦し、どれほどの成果を上げたかと実に詳しい。ゲリラ部隊がインドネシア軍から捕獲した銃の数まで知っている。一体この神父は何者？　ともかく彼はゲリラには相当のコネクションを持っていることは間違いないようだ。ただ彼はファリンティルの最高司令官はタウル・マタン・ルアクであり、コニス・サンタナはＣＮＲＭ（マウベレ民族抵抗評議会）（注・東チモール独立運動の最高議決機関）の議長なんだという。コニス・サンタナやタウル・マタン・ルアクの肩書きがどちらにしてもずっと彼等を追い続けてきた僕としてはここで「じゃ、僕も山の中に入れないだろうか」と言ってみたいところだ。しかし初対面でもあり今ひとつ彼の素性もわからない。

ところがこちらの胸の内を見透かしたのか、神父が急に「あなたも彼等に会いたいか？」と言い出した。びっくりして即答出来ずに戸惑っていると「実は、この間山の中に入ってゲリラに会って来た。彼らは一二月九日から二〇日までこの近くの山の中にいたんだ。それも最高司令官マタン・ルアク以下二〇名だ。全部ビデオに撮ってきた。見たいか？」。僕はまたしてもびっくり仰天、思わずボカジオと顔を見合わせた。食事後、彼の書斎に案内され、ビデオ鑑賞会が始まった。家庭用ＶＨＳなので画質は少々落ちるが素人にしては綺麗に撮れている。画面も落ち着いていてブレていない。場所はどこか山の中、と言っても山奥ではない。実際に高原状の周りの風景も映っている。近くに村でもありそうな雰囲気の場所だ。林の中に敷いたシートの上に一五、六名の迷彩服に身をかためたゲリラ兵士が陣を組み、その中央に座るのが司令官マタン・ルアクだ。周りを気にするような低い声で彼の話が延々と続く。もう何年も切っていないだろう髪の毛と鬚、まるでインドの行者みたいだ。上着は迷彩服だがズボンはジーパンだ。彼の話が二〇分ほど続くと今度は部隊の整列点呼、手に持つ銃器は最新式の自動小銃だ。多分すべてインドネシア軍から鹵獲《ろかく》したものだろう。兵士達の食事風景、それに村の女たちまで出てくる。手に荷物を持っているところを見ると近くの村から彼等のために食事を運んできたのだろう。初めて見るゲリラ達の姿に興奮を抑えられない。

映し終えてゴンサルベス神父が言う。

「実はマックス・ストールはここに来ていたんだ。何回も来てね、そのたびに違うパスポートを持っていたよ。最後の時はジャマイカのパスポートだった（笑）。彼は毎回西チモールから一人でバイクを飛ばしてここに来て、じっと機会を待ったんだ。そして山の中に入った」

彼のサンタ・クルスの映像で世界が東チモールに目を向けるようになった。その映像の裏には大変な努力と忍耐、そして強い意志があったのだ。日本人には仕事のために他国のパスポートを取るなんてそんな大胆な発想は出来ないだろう。バイクで走って山の中に入れ、という当初からの指示は彼の先例があったからなのだ。その方法しかここでは通用しないということだ。今になってやっと理解できた。自分は愚かだった。

神父が続けて言う。

「ところで、このビデオだが、海外に持ち出したいのだが私には出来ない。あなたが日本に持っていってもらえないだろうか。ＴＶで使ってもらっていい。ただコピーを三本作ってもらって一つは私に、一つはラモス・オルタに、そしてもう一本はポルトガルのテレビ局に送って欲しいんだ」

「えっ、本当に?」
狐につままれているみたいだ。今まで追い求めてきたことがここで一瞬にして成就してしまった。それも理想的な形でだ。ここに一晩しか泊まっていないことは警察は良くわかっている。一晩で誰かの手引きで山の中に入りビデオを回して戻ってくることは絶対に不可能だ。ならばこのビデオが海外で放映されても誰が撮ったのかまったくわからない。これにディリの街中風景や山の風景、それに日本関係の部分を付加すれば番組が出来るのではないか。自分で回したビデオではないが、そんな自尊心より今はここの現実を伝えることの方がずっと重要だ。それにここでの取材はまだ二回目だ。今回はこれくらいで満足しなければいけないだろう。

それにしても偶然なんだろうが不思議なことが起こってしまった。ただ、今までの取材経験では、九九パーセント不可能だったことが突然ある日可能になったり、一見偶然だがどう考えても単なる偶然じゃない、ということが今まで何回か起こっている。神懸るわけじゃないが人智だけじゃない何かがあるとしかどうしても思えない。

こうなったからにはすぐにも東チモールを脱出しなければならない。カメラバッグに細工して二重底をつくりそこにテープを隠す。神父に礼を言い、テープは必ず送り返すからと約束して辞した。勿論このテープは自分が持ち出すわけにはいかないから別ルートということになる。ただそれがいつ日本に着くのか、そしていつ送り返せるのか、そもそも無事東京に着くのだろうか。

夜、ボカジオには訊いておきたいことがあった。それは今日のバウカウ近郊の村での出来事だ。一体彼らは何者だったのだ、という問いに彼は話し出した。

「実は危なかったのです。最初の店にいた二人の制服組はインドネシア軍人で、私たち二人を相当に疑っていたのです。ジョーさんがジャーナリストかまたは他国の情報員、僕がフレテリンの学生、ということです。そこでまず僕を逮捕しようということになり、チモール人のインテルを呼んで逮捕させようとしたんです。インテルは僕が若いのでどう見てもフレテリンとは関係なさそうだと答えて一応尋問するとして僕を隣の店に呼んだんです。勿論ジョーさんは旅行者で日本人混血児を探しにヴィケケに行く途中だと答えました。僕のことも詳しく話しました。そうしたら了解してくれて、これはインドネシア兵の誤解で心配するような人物ではない、あの学生は自分の知り合いで問題はない、とインドネシア兵に言っておくから早く立ち去れ、と言ってくれたんです」

まったく油断の出来ない所だ。あちこちで目が光っている。あやうくボカジオは逮捕され僕は強制送還されるところだった。それにあの時点では本当の目的を彼に伝えていなかったから、彼は僕が旅行者だとしか答えようがなかっただろう。そうすれば拷問がひどくなっただろう。あらためてこの国の恐ろしさを思う。それに今まで僕に関係した人々の危険性も。アルバロ然り、オランジーナ然り、ボカジオには何事も起こって欲しくない。

一二月二七日

朝五時のバウカウ行きのバスに乗るために市場に向かう。朝食を市場内で済ませ、バスの出る市場前を歩き回る。我々がバスに乗り込む姿をどこかで目を光らせているであろうインテル達に見せつけるためだ。バウカウのメルパチ航空で明日のディィリーデンパサールを予約、すぐにミクロレットをチャーターしてロス・パロスに戻った。昼前にロス・パロスに着きすぐにパロモ神父に会う。彼によれば、今月末予定だったこの地区での部隊集合は来年の一月五、六日に延期なったのでそれまで滞在できるかという。昨日の出来事を報告し、一刻も早く日本に帰ることに決めたと伝えた。

昼食は歓送会になってしまった。教会スタッフ全員のサインの入ったカードを受け取り、帰路の安全を祈ってもらう。パロモ神父からはファリンティルの組織図、メンバー表、司令官からのメッセージまで渡されてしまった。それらもすべてカメラバッグの二重底にしまいこむ。昼食も早々に待たせてあったミクロレットに飛び乗り、一路ディリへ。午後六時ディリ着。ホテル・ツーリスモに入る。

一二月二八日

朝九時半にチェック・アウト。タクシーでホテル・レゼンダの中にあるメルパチ航空にチケットの受け取りと支払いに行った。ところがどういうわけか昨日予約したにも拘らず僕の名前がリストにないと言う。タクシーを待たせてあったこともあり、少し大人気ないとは思ったが声を荒げて大騒ぎしてみた。係員達はオロオロしていたが三〇分もしてやっと奥からチケットを持った男が出てきた。のろまな奴らだと毒づいて待たせてあったタクシーに飛び乗りコモロ教会（ドン・ボスコ修道院）へ向かった。コモロ教会はダーウィンから避難場所として何か困ったことがあったら逃げ込めと教えられていた。ここに問題の起きそうな書類、テープを託して秘密ルートでダーウィンに送り出してもらうのだ。車中、運転手が運転しながらボソボソと拙いポルトガル語で話し出した。

「あんた、注意したほうがいいよ。インテル達に狙われているよ。今朝、ホテル・ツーリスモで待っていたらインテルがやってきて、あんたのことをしつこく訊いてきた。その時彼はあんたがロス・パロスから来たことを知っていた。そして二人目はメルパチ航空の事務所の中にいた男だ。外に出てきて私にこれからどこに行くのかと訊いてきた。コモロ教会に寄ってから空港に行くと答えたら、それをそのまま無線機で誰かに伝えていた。そして三人目はやはりメルパチ航空の外にいた男で、あんたが誰か、仕事は何か、と訊いてきた。私は何も知らない、と答えておいた」

なるほど、メルパチ航空で待たされたのは相手の時間稼ぎだったのだ。完全に僕を狙っている。とうとう来たかという感じだ。しかし即席ながらポルトガル語を勉強しておいてよかった。覚悟して空港に行くのとそうでないのでは大違いだ。こちらにもどう対応するか心の余裕ができるというもんだ。コモロ教会に車を乗り入れ、エフレム修道士を呼び出してもらう。すぐに出てきた彼に一まとめにした包みを渡し、ドミンゴス・ソアレス神父に渡してもらうよう頼んだ。渡した瞬間、フーッと肩の荷が下りた。もう証拠はない。ご苦労さん、インテル達よ。後は野となれ山となれ、だ。

空港の建物の中に入った時、偶然腰のポケットを探ったら電話番号リストが出てきた。スアイの教会やアンジェリーノ氏、オランジーナの食堂、ロス・パロスの教会等々、すぐに取り出せるようにメモにして持ち歩いていたものだ。あわてて荷物を運転手に託してトイレに飛び込み、粉々にちぎって水洗に流してしまった。そしてもう一度自分でチェック。荷物検査では案の定厳しいチェックが始まった。それも僕一人に大人五人が寄ってたかっての捜索だ。出てくるのはホテルの領収書や観光パンフレットばかり。日本語の住所録をしきりに眺めている。そんなものあんたに関係ないよ、と言ってやりたいくらいだ。カメラやビデオには目もくれない。フィルムも未現像のものが何本か持っていたがそんなものはどうでもいいようだ。ただただ書いたものを捜し続けている。僕がジャーナリストとして書いたものが欲しいのだろう、証拠として。おかげで僕が日本の自分の事務所に出したFAXやソアレス神父に書いたメモの下書き（単に会いたいというだけのもの）が押収されてしまったが、結局彼らが望むようなものは何一つ出てこなかった。その押収された二枚も僕が強く返却を要求したら、しぶしぶ返してきた。

そして今度は問答が始まった。どうしても僕がジャーナリストだという証拠を見つけたいのだ。そこで今まで何度もやってきたように旅行会社の名刺を示しながら、いかにここが日本人旅行客に魅力のあるところかを旧日本軍の占領から説き起こし、日本人混血児問題、そして現在の観光ブーム、インドネシアと日本の友好関係まで滔々と、笑顔を交えながら、喋り続けた。五人ともあまり英語が得意でないらしく、これで五人はすっかりやる気を失くしてしまったようだ。パスポートをポンと投げて寄越し、「行ってよし」となった。そしてやっとチェック・イン、X線検査、そして中の出国待合室へ。あれで引き下がるような奴らではないと思っていたら、やっぱりやってきた。待合室にはまだ乗客はまばらで、僕は一番端のゲートに近いところに座っていた。すると若い男が（わざわざ）隣に腰掛け、英語で話しかけてきた。

「自分はここの空港管制官なんだけど、今日は非番なので暇なんだ。こういう時は外国の人の話を聞くのが楽しみなんですよ」から始まって、仕事は何か、どこに行ってきたか、と色々質問してくる。それもさっきのような尋問ではなくあくまでも友達風に。写真があれば見せて欲しいとまで言う。こちらの話すことはさっきとすべて同じだ。こちらもあくまでも友達風に、お人好しの旅行者を装っている。一通り僕の話を聞いて「飛行機の出発時間を確かめてきましょう」と言って立ち去った。多分上司に報告に行ったのだ。「あの日本人は確かにただの旅行者だ」と。彼の態度から推察するに、彼は本物の管制官なのだろう。英語がわかるので急遽駆り出されたのだ。セレベス出身といっていたからインドネシア人だ。

飛行機も一二時二五分発だったのが遅れて一時二五分発になったが、それでも無事離陸。一五時過ぎにデンパサール着。一番早いシンガポールエアは一八時だ。しかし当然ながらその便はフルブッキング。次の便は明朝だという。そこでチェックイン・カウンターのグランド・ホステスに泣きついた。「東京で父親が危篤なんだ。何としてでもこの便に乗らなければ父親の死に目に会えない。どうかお願い、乗せて！」と。この泣き落とし作戦でウェイティング・リストの一番になり無事搭乗。これで父は今までに本人の知らぬ間に二度危篤状態になったことになる。最初はアフガン・ゲリラ取材の帰りのカラチ発の便だった。この時は泣き落としが功を奏し過ぎてファーストクラスに乗せられてしまった。これで東京まで思う存分飲めるぞ、との期待に反してキャリアーはイスラム国のパキスタン航空だ。東京まで一〇時間、疲れ切った体で一滴も飲めないのは七転八倒の苦しみだ。父親を「ダシ」に使った罰が当たったのだ。

一二月二九日

三カ月に及んだ今回の取材行は終わった。ようやく帰着した日本は慌しい年の瀬の真っ只中。正月はもう目の前、すぐに家の大掃除をしろと家人がうるさい。しかし心はまだ東チモールの大地の上を彷徨っていた。いつもこういう激しい生活のギャップに直面すると頭が混乱する。アフガニスタンで砲弾とロケット弾が飛び交う戦場から戻った時も、頭上を飛び越えて行くあのヒュルヒュルという不気味な砲弾の音がいつまでも耳から離れなかった。それでもいつもなら帰国するとすぐに写真の整理だ、記事書きだ、と編集部に缶詰になって日本の日常世界に強引に引き戻されるのだが、今回は少々事情が違う。手元には取材の成果が一切ないのだ。それがない限り心は宙ぶらりん状態だ。他人にも自分にも目で確認できるものがないからなぜあんな取材を敢行したのか誰にも説明できない。自分でも自分の行動を現実のものとして把握できない。すべては夢か幻か、になってしまう。この平和な日本で東チモールの話をしても誰も信じてはくれないし、ましてやその島の存在すら知らない人達ばかりなのだ。自分が浦島太郎になった気分だ。

待てど暮らせど来ない荷物にイライラし、半ばあきらめかかった翌年（一九九五年）の三月下旬、東京の事務所に小汚い小包がオーストラリアから到着した。開けてみれば中から懐かしいビデオテープ二本に諸々の書類、手紙類、それに取材ノート三冊が出てきた。思わずオーッと歓声を上げてしまった。きっとこの小包も長い旅をしてきたに違いない。そう思うと自分の分身のようにいとおしかった。ビデオテープはＰＡＬシステムでの録画のためＴＶ局の友人にＮＴＳＣに変換してもらい、ついでにコピーを三本作ってもらった。これらはダーウィンのフェレイラ氏の元に送り、それぞれ一本はポルトガルの放送局へ、一本はラモス・オルタ氏へ、そしてもう一本は再び東チモールに戻してもらうよう頼んだ。これで一応果たすべき義務は終わった。

しかし本当に果たさねばならない番組放映はと言うと……、結果的に言えば番組は出来なかった。どのＴＶ局も関心を示してはくれなかったのだ。ビデオの出所がわからない、というのが理由だった。多分日本の視聴者には関心がなかったのだろう。それとも何かの力が働いたのか。ただ、写真と記事は月刊誌、週刊誌三誌が取り上げてくれた。だがそれとても一週間の暇つぶしのネタになったに過ぎない。その週（月）が終わればすべて忘れ去られ、なかったことになる。しかしこんなことはフリーランスである限り珍しいことではない。それでも僕たちは現場に行き、写真を撮り記事を書き続ける。それが使命であり、また喜びでもあるからだ。

エピローグ

一九九九年、世界の非難に屈した形でインドネシアのハビビ大統領は東チモールの独立を示唆、そして同年八月に独立か併合かの国民投票が実施された。その結果大多数で東チモールの独立が決まった。しかし翌九月にはインドネシア併合を支持する住民、民兵（大多数はインドネシア民間人と軍人達）が国内を騒乱状態に陥れ、破壊と殺戮が横行、内乱状態となった。すぐに国連が介入し、国際部隊の投入で事態は収まったが、破壊を指揮したインドネシア軍の将官たちの責任は未だに追及されていない。

その後国連の主導で国家の基盤作りに着手、二〇〇二年にかつてのファリンティル最高司令官だったシャナナ・グスマンが大統領に就任した。この時ラモス・オルタは外務大臣として入閣。こうして〇二年五月二〇日に独立を達成、二一世紀最初のそして世界で最も新しい独立国になった。

ところが新政府の元ファリンティル兵士たちへの冷遇や西部地区と東部地区の対立、政府内の権力抗争で再び国内は混乱、二〇〇七年にオーストラリア軍を中心にした国際部隊が再度投入され事態は沈静化したが、問題そのものは解決されていない。現在（二〇〇九年）ではラモス・オルタが大統領を、シャナナ・グスマンが首相を務めている。

誤解を恐れずに言うならば、独立後の東チモールを見てみれば、なぜか独立闘争時代のチモールが懐かしく思われる。辛酸を舐めて生きてきた人々には大変失礼な言い方だが、人々が一様に同じ目標を持って耐え偲んで生きていたあの時代が懐かしい。独立しなければ良かったのだとか、現在の状況に悲観しているわけではない。現在の混乱も将来のより良き社会への「生まれ出る苦しみ」なのだと思う。

しかしもう一度思い出してもらいたい、あの一九九四年のベロ司教のクリスマスメッセージを。ベロ司教はあのメッセージの中で何度も「結束（連帯）」を呼びかけ、東チモール人の伝統的な無秩序、統一性のなさ、地域対立を「罪」であるとまで言っている。今となってはあの言葉は東チモールの人々に対する戦時下の一時的なメッセージではなかったことが実感として理解できる。外の敵がいなくなった今こそベロ司教の言葉を思い起こして欲しいと願わずにはいられない。

今年（二〇〇九年）九月はマデイラ神父がスアイで虐殺されて丁度一〇年目に当たる。取材した当時（一九九四年）は東チモールについて現実的なことは何一つ公にできなかった。それは前述した通り、取材源に対する配慮からだった。今はそれはない。影響力がなくなった時点で公表するのは本来報道者として意味のない作業かもしれない。しかしあの時世話になったマデイラ神父をはじめ、多くの東チモールを思う聖職者たちの力が独立を勝ち取る一助になったことを示すためにも、自分の取材ノートを借りて彼らの記録としたい。

ただ本来名前を絶対出してはいけないゲリラ関係者、特に私に知らされていた各地の司令官たちの名

民族衣装を身に着けて大統領就任演説をするシャナナ・グスマン氏

独立後国軍兵士に応募してきた旧ファリンティル兵士達

前は解放後ぷっつりと消えてしまった。勿論当時はゲリラ名であって本名ではなかったはずだ。それでも同じ名前が解放後でも出てくる人物もいることを思えば、消えてしまった名前はどこに行ってしまったのだろう。特に直接私と連絡があった「ヌヌラ司令官」とは何者だったのだろうか。彼が本当は私が追い続けていた「コニス司令官」ではなかったのか。

最後に、ここに登場した神父たちのその後を簡単に記しておこう。(二〇一〇年現在)

ベロ司教(カルロス・フィリペ・シメネス・ベロ)。
一九九六年、東チモール独立を平和的に導いたという功績により、ジョゼ・ラモス・ホルタ氏と共にノーベル平和賞を授与される。二〇〇二年に病気により司教職を退き、二〇〇四年よりモザンビークに宣教セルバンテスとして赴任中。

ドミンゴス・ソアレス神父
レテフォホ教会主任司祭の後、エルメラ教会主任司祭、ディリ教区再福音化委員会委員長、二〇〇八年よりマカオで勉学中。独立後も相変わらず最も活動的な司祭として知られている。

イラリオ・マデイラ神父
一九九九年九月六日、独立への国民投票の結果が出た二日後、インドネシア軍に率いられた併合派民兵がスアイの町を襲撃。このとき教会に逃げ込んだ人々と共に殺された。そのとき虐殺された人は二百人にものぼり、彼等の血が教会堂の扉の下から外に流れ出たと言われている。遺体は彼の故郷エルメーラの教会堂の正面入り口前に安置されている。

ルイシト(ルイス)・カルパヤン神父

クラレチアン会から東チモールに派遣されていたが二〇〇三年フィリピンに帰国、クラレチアン会を退会。現在はフィリピン教会クバオ教区司祭としてケソンシティにて宣教司牧に従事。

リカルド・ソロモン神父

二〇〇三年スアイにて脳性マラリアにかかり一年間療養。その後フィリピンに帰国したが重度の言語障害、身体機能不全のため現在は修道院生活。

アゴスティーニョ・ソアレス神父

ロス・パロス教会主任司祭の後、ローマで勉学。後東チモールに帰国、ディリ市コモロ教会の主任司祭、ディリ教区社会司牧委員会委員長を歴任。二〇〇八年より再びコモロ教会の主任司祭を勤める。

アギド・パロモ神父

当時のロス・パロス孤児院院長からヴェニラレ教会の主任司祭となり、現在はバウカウ教会主任司祭。

アンドレアス・セルバンテス神父
一年間ジャカルタに滞在後、タイのサレジオ会にて宣教司牧。
レイムンド・ダ・コスタ修道士
フィロロの学生寮長を経てディリ・コモロ教会、そして現在はフィロロに於いてポルトガル語の勉強中。
ファウスティーノ・サルメント修道士
フィリピンの神学校に留学、帰国。その後サレジオ会を退会。
アントニオ・ゴンサルベス神父
二〇〇〇年までヴィケケ教会主任司祭。バウカウ教会を経てローマで勉学。二〇〇三年よりバウカウ教会で教区司教代理、及びバウカウ教区カトリック学校にて勤務。
マテウス・ロペス神父
一九九九年の住民投票で併合派を支持したため、西チモールのアタンブアに避難。現在インドネシア教会アタンブア教区司祭としてアタンブアにて宣教司牧に従事。

Fini ida se la dodok
karik hela mesak
maibe dodok karik
tebes
Hilário Madeira

故郷エルメーラの教会堂の前に安置されているイラリオ・マデイラ神父の棺

おわりに

ここに収録した「天安門事件」は一九八九年の、そして「東チモール独立運動」は一九九四年の取材です。随分時間が経ってしまいました。この間、差し障りのない文章や写真は一部の雑誌に発表してきましたが、本文自体はずっと発表をためらってきました。それは、取材による記事化で多くの人の目に触れ、被取材者に多大なる迷惑が及ぶことを懸念してきたからです。迷惑どころか命の危険まであります。問題が大きければ大きいほど取材者はその取材に意義を感じ、同時に取材されて困る側、多くの場合は国家であり政府であるのですが、強大な権力を使って対抗してきます。

しかし、どんな場合も被取材者に危険が及ぶような取材はあってはならないことです。しかし同時に取材者は取材した限りは見聞きした事実を世間に知ってもらうという責務も負います。この二つの相反する目的をどのように達成するのか取材者は苦悩するのです。

この二つの事件も、発表すべきかどうか長い間呻吟してきました。「東チモール」は取材後も混沌とした時間が流れ、内戦へと発展し、二〇〇二年に独立を果たしました。ですから発表する機会は訪れたのですが、私の取材方法である「個人の闘い」という面で考えればまだしこりは十分に残っていました。弾圧する当局は無くなったものの、今度は派閥間の闘争が起こってしまいました。もう少し国内情勢が落ち着いてから発表しようと思っているうちに今になってしまいました。

「天安門事件」は周知のように中国政府にとっては今でも神経をとがらせる過去です。しかし、必ずいつか見たことの全てを書きたい、そしてあの広場に集結した青年たちの記録を残したいという思いに駆られ、そう思いつつも中国の友人たちの「まだだ」という声に押され今になってしまいました。しかし近頃やっと「中国の人々にとっては天安門はもう過去の話です。三〇数年前の出来事で当局もとやかく言わないでしょう」という返事を得ました。今は事件の掘り起こしではなく、純粋にあの運動に参加した青年たちの青春の記録として読んでいただきたいと思っています。

両編とも「記録」です。取材者には「世に知ってもらうこと」と同時に「時代の記録を残す」という大事な使命もあります。今はデジタル時代です。ニュースも時の流れの「泡」のようなものです。過去も未来も存在せず、人々の関心は「情報」を快楽的に消費するのみです。ジャーナリズムも娯楽の一部と化しています。しかし人間の英知とは「過去」に学び、それを「未来」に生かすことにあります。私達の仕事が、未来の人々が過去を知るための手助けとなってくれるよう願うばかりです。

最後に、この書を二つの事件で命を落とした多くの人々、そして自国の独立を見ずして逝った東チモールのイラリオ・マデイラ神父に捧げます。

二〇二三年三月

著　者

押原 譲（おしはら・ゆずる）

1947年生まれ、東京都出身。ICU（国際基督教大学）卒業後、フランスに渡りパリ第三大学フランス文学科に入学。1974年、アンスティテュー・ド・フォトグラフィ・ジュネーブ（ジュネーブ写真学校、スイス）入学。同校卒業後、再びパリに戻り、日本の文化出版局のパリ支局でカメラマンとして働き始める。1978年末に帰国、東京都港区に「押原写真事務所」を開設。以後フリーランスのフォトジャーナリストとして、主にアジア、中近東諸国の紛争地取材を始めるが、2011年活動停止。2023年活動再開。

主な著書：『カンボジア年代紀』（論創社、1980年）、『世界の子供たち—マレーシア編』（偕成社、1986年）、『五月のガザ』（講談社、2006年）他。
主な写真展：「カンボジア年代紀」（フジフォトサロン、1982年）、「サラエボからのメッセージ」（フジフォトサロン、1996年）、「サラエボ」（日本外国特派員協会、2000年）、「Paris 1970's」（日本外国特派員協会、2003年）、「五月のガザ」（新宿ニコンサロン、2006年）他。

天安門広場一九八九年五月

2023年6月10日　初版第1刷印刷
2023年6月20日　初版第1刷発行

著　者　押原譲
発行者　森下紀夫
発行所　論創社

東京都千代田区神田神保町2-23　北井ビル
tel. 03(3264)5254　fax. 03(3264)5232　web. http://www.ronso.co.jp
振替口座　00160-1-155266

装幀／宗利淳一
印刷・製本／㈱丸井工文社　組版／フレックスアート
ISBN978-4-8460-2281-5　